田尻悟郎の
英語教科書本文活用術！
知的で楽しい活動 & トレーニング集

田尻悟郎 著

教育出版

はじめに

　日本は地下資源の乏しい国である。海外から原材料を輸入し，他国が思いつかない製品を作り，他国の追随を許さないほどの精密さを誇ることで，戦後の経済成長を成し遂げた。古くは中国から漢字や仏教を学び，ポルトガルから鉄砲やキリスト教がもたらされ，江戸時代には蘭学を学んだ日本は，その後200年以上の鎖国を経て，欧米の先進知識を取り入れ，世界に伍していくために努力を続けてきた。

　先達の努力がもたらした今の日本の繁栄は，一方で子どもたちのハングリー精神を彼らの奥底に閉じ込めてしまった。太平洋戦争を生き抜いた人たちは，焼け野原から立ち上がり，まずは衣食住を確保し，次によりよい生活を求めて必死に働いた。家電メーカーは次々と生活を豊かで便利なものにする新製品を発売し，国民はそれらを購入するたびに家族の喜ぶ姿を見て狩猟本能が満たされていった。

　現代の若者は，生まれたときに必要なものは全てそろっているので，狩猟本能やハングリー精神は出てこない。昼食の直後に夕食に何が食べたいかと問われても答えに窮するのと同様に，身の回りに全てのものがそろっていると，何かを手に入れるために粉骨砕身するという気持ちは出てこない。

　また，「いい高校，いい大学，いい会社に入れば，豊かで幸せな人生が待っている」という神話は崩れた。大学を卒業しても就職できない，企業に入ってもリストラされるという時代に生まれた現代の日本の若者は，夢も意欲も外国の若者と比べると低い。そういう彼らに「高校入試は……」「大学入試に合格するためには……」という言葉だけ生徒に投げかける教師が，彼らの心を動かすことができるだろうか。

人は，学校を卒業すると社会人になる。ということは，学生時代は社会へ出て活躍するための準備期間である。人生の半分は，仕事をする。しかも，月曜から金曜まで仕事をする。その仕事が，やりがいのある，奥が深くて追求し続ける価値があると感じられる人は幸せである。一方で，仕事が合わず，嫌々やっている人はたった一度の人生の貴重な時間がもやもやしているうちに過ぎていく。どのような仕事に就くか，あるいは自分に合っている仕事を見つけるまで転職できるかは，人生を大きく左右する。だからこそ，好きなものと，得意なものを増やしてやりたい。

　社会へ出ると，豊富な知識が求められる。それは学生時代にどれぐらい勉強したかということに加え，社会へ出てからの継続的な学習意欲も必要となる。しかし，世の中は知識だけでは生きていけない。手に入れた知識を使う力，つまり知恵がどれぐらいあるか，どれぐらい工夫できるか，どれぐらい想像力，創造性があるかが社会人としての成功の鍵を握る。また，人とどうつきあうかも，人生を左右するとても大きなファクターとなる。いい教材は，生徒の脳を活性化させ，自然発生的な話し合いや協力を生み出し，クリエイティビティとコミュニケーション能力を高める。つまり，いい教材があれば，彼らが将来社会で活躍し，人とうまくつきあっていくための練習をさせることができる。

　現在の日本の英語教育では，教科書本文は単調な使い方が主流を占める。教科書は食材であり，それをどう味付けするかは調理師たる教師の力量にかかっている。まずは教師が教科書を創造的に使うことで，生徒にクリエイティビティの手本を示してやりたい。

2014 年 11 月

田尻悟郎

もくじ

はじめに

Introduction　教材・活動を作る前に ……………………………………………………………… 1

　　1. 教科書本文の扱い／2. 学習の段階と授業展開

第1章　教科書本文を使った活動

1　理解 ▶ 暗記 ▶ 応用・発展 ………………………………………………………………………… 4

　1.1.　行間を読んだり文の裏にある意味を推測したりする活動 …………………………………… 4

　　　1.1.1　あなたも名探偵コナン（裏情報を探せ）　4

　　　1.1.2　表現深読みクイズ　4

　　　1.1.3　深読み True or False　5

　　　1.1.4　ロケ地はどこだ？　7

　1.2.　登場人物の心境・心情・性格などを読み取る活動 ……………………………………………… 8

　　　1.2.1　Mind Reading（心境・心情の変化を形容詞や表情で表そう）　8

　　　1.2.2　登場人物の性格・特徴・心・家族構成などを読み取ろう　8

　　　1.2.3　過去を暴け！（登場人物の過去の秘密を読み取ろう）　9

　　　1.2.4　あなたも星飛雄馬　10

　　　1.2.5　あなたも星飛雄馬：性格設定偏　11

　1.3.　体の動きで本文を表現する活動 ………………………………………………………………… 13

　　　1.3.1　ジェスチャー読解　13

　　　1.3.2　手話読解　15

　　　1.3.3　視線はどこだ　16

　1.4.　テレビ・映画的な活動 …………………………………………………………………………… 18

　　　1.4.1　場面（シーン）とカットはいくつ？　18

　　　1.4.2　あなたもスピルバーグ（ト書きと演技指導）　19

　　　1.4.3　あなたも活弁士　20

　　　1.4.4　別室からの指示　21

　　　1.4.5　大道具・小道具を書き出そう　22

1.5. イラストや写真などを用いた活動 ……………………………………… 24
- 1.5.1　コマ割りマンガ　24
- 1.5.2　あなたもジャパネットたかた　26
- 1.5.3　あなたもニュースキャスター　27
- 1.5.4　写真やイラストを活用せよ！　28
- 1.5.5　絵や写真に記号や情報を書き込もう　29

1.6. 表や地図などを用いた活動 ……………………………………… 30
- 1.6.1　年表を作成しよう　30
- 1.6.2　数値・グラフ・理由・条件などの表を作成しよう　31
- 1.6.3　旅程表を作成しよう　32
- 1.6.4　パンフレット・ポスターを作ろう　34

1.7. 合いの手を入れる活動 ……………………………………… 36
- 1.7.1　合いの手を入れよう　36
- 1.7.2　勝手に英会話 A　37
- 1.7.3　勝手に英会話 B　38
- 1.7.4　性格設定突っ込み　40
- 1.7.5　音声ガイド　41

1.8. 空白部分を埋める活動 ……………………………………… 42
- 1.8.1　キーワードを当てろ（繰り返し出てくる）　42
- 1.8.2　ピリオドを打とう　43
- 1.8.3　前置詞・冠詞を入れよ！　44

1.9. 文構造を確認する活動 ……………………………………… 44
- 1.9.1　スラッシュを入れよう　44
- 1.9.2　センスグループ和訳（ランダム和訳）　45
- 1.9.3　カード和訳　45
- 1.9.4　図形和訳　47

1.10. その他の活動 ……………………………………… 48
- 1.10.1　漢字を入れよう（漢文和訳）　48
- 1.10.2　あなたも指揮者：どの語を強く読めばいい？　50
- 1.10.3　並べかえ問題にチャレンジ　51
- 1.10.4　CD に隠された情報を探せ　51
- 1.10.5　先生が読み方を間違ったのはどれ？　51
- 1.10.6　Read and Look Up　52

- 1.11. 安易にやらないほうがいい活動 ………………………………………………………… 53
  - 1.11.1　ご当地和訳　53
  - 1.11.2　あなたも翻訳家　53
  - 1.11.3　あなたも星飛雄馬／勝手に英会話A／勝手に英会話B：ほとんど和訳編　55

2　理解▶ 暗記 ▶応用・発展 ……………………………………………………………… 56
- 2.1. どのページでもできる活動 …………………………………………………………… 56
  - 2.1.1　音節指さし音読　56
    - 「田尻式発音記号」　58
  - 2.1.2　語順指さし音読　59
    - 「語順表と文例」　62
  - 2.1.3　Read and Look Up　66
  - 2.1.4　Shadowing（シャドーイング）　66
    - 「"音の連結"と"音の崩れ"・⑩のルール」　67
  - 2.1.5　センスグループ（ランダム）同時通訳　70
  - 2.1.6　同時通訳（日→英）　71
- 2.2. ペアで行う暗唱 ……………………………………………………………………… 71
  - 2.2.1　センスグループ合いの手音読　71
  - 2.2.2　勝手に英会話A／まちかど情報室／別室指示音読／音声ガイド音読　72
  - 2.2.3　勝手に英会話B／性格設定突っ込み　72
  - 2.2.4　星飛雄馬音読　73
  - 2.2.5　（超詳細）ト書き音読／あなたも活弁士　74
- 2.3. ICTを活用した暗唱 …………………………………………………………………… 75
  - 2.3.1　BGM／BGV音読／BGVジェスチャー音読　75
  - 2.3.2　あなたもジャパネットたかた／あなたもニュースキャスター　75
  - 2.3.3　大道具・小道具音読　75
- 2.4. 体の動きで本文を表現する暗唱 ……………………………………………………… 77
  - 2.4.1　ジェスチャー音読・アフレコ音読　77
  - 2.4.2　手話音読　77
  - 2.4.3　視線確認音読　77
  - 2.4.4　あなたも落語家　77

2.5. イラスト・写真・表・地図などを用いた暗唱 ……………………………………………… 78
    2.5.1　イラスト・写真・表・地図音読　78
    2.5.2　マンガナレーション音読　80

2.6. メモや文構造分析図などを用いた暗唱 ……………………………………………………… 80
    2.6.1　文頭数語ヒント音読　80
    2.6.2　キーワード音読／自己責任キーワード音読　81
    2.6.3　メモ音読　81
    2.6.4　図形「日本語ヒント・頭文字・英文構成要素ヒント」音読　82
    2.6.5　漢文音読　83
    2.6.6　品詞別穴埋め音読　84

3　理 解 ▶ 暗 記 ▶ 応 用・発 展 …………………………………………………………… 86

3.1. 文の一部を変えて新しい文を作る活動 ……………………………………………………… 86
    3.1.1　独り言突っ込み　86
    3.1.2　対比音読　87
    3.1.3　ひねくれ者音読　88
    3.1.4　あなたも漫才師（2人称編・3人称編・トリオ漫才編・観客突っ込み編）　89
    3.1.5　メモ応用音読　92
    3.1.6　要約ナレーション：あなたもレポーター　93
    3.1.7　叙述文台本化（音読）　94
    3.1.8　間接疑問文書きかえ（音読）　95
    3.1.9　表参照英作文（音読）　96

3.2. 文の形を変える活動 ……………………………………………………………………………… 97
    3.2.1　あなたも英語教師　97
        「英問英答のしかた」　98
    3.2.2　Good Listener　105

3.3. 語句を加える活動 ………………………………………………………………………………… 106
    3.3.1　省略部分復活（音読）　106
    3.3.2　穴なし穴埋め（音読）（1文を伸ばす）　107

4　理解 ▶ 暗記 ▶ 応用・ 発展 ……………………………………………………… 108

4.1.　教科書本文とは違う文を加える活動 ………………………………………… 108

- 4.1.1　言いかえ・書きかえ　108
- 4.1.2　相手のセリフを予想しよう　109
- 4.1.3　行間や裏にある文を加えよう　110
- 4.1.4　推測後シャドーイング　110
- 4.1.5　本文テレパシーゲーム（セリフを予想し，続きを書く）　111
- 4.1.6　本文の序章や続きを書こう　112
- 4.1.7　スキット作り　113
- 4.1.8　なりきり英作文　114
- 4.1.9　自分に置きかえ英作文　114

4.2.　和文英訳の活動 ……………………………………………………………………… 115

- 4.2.1　あなたも星飛雄馬　115
- 4.2.2　勝手に英会話 A ／ B（英語編）　115
- 4.2.3　年表・旅程表・図表追加情報英訳　115

4.3.　プロジェクト型活動 ………………………………………………………………… 116

- 4.3.1　本文に関する議論／自分の意見を書こう／感想を述べよう　116
- 4.3.2　本文のトピックに関する調べ学習　116
- 4.3.3　映画や英語の歌を使った発展的な学習　116

第2章　教材および指導案作成の手引き

- この章のはじめに ……………………………………………………………………………… 118
- 1　活動や教材を作るときの注意事項 ……………………………………………………… 119
- 2　教科書本文をどう理解させるか（ 理解 →暗記→応用・発展）……………………… 125
- 3　教科書本文をどう暗記させるか（理解→ 暗記 →応用・発展）……………………… 130
- 4　教科書本文をどう応用・発展させていくか（理解→暗記→ 応用・発展 ）………… 133
- 5　キーセンテンス導入時の注意事項（意味，構造を理解させるステージ）………… 135
- 6　キーセンテンス練習時の注意事項
  （構文や表現に慣れさせ，使いこなせるようにするためのステージ）…………… 137

Introduction ▶▶▶ 教材・活動を作る前に

1 ■ 教科書本文の扱い

　英語の教科書のリーディング部分は，2つの構成になっています。1つは「キーセンテンス／ターゲットセンテンス／重要表現（基本文と表記している教科書会社もある）」，もう1つは「本文（プラス新出語句）」です。そして，授業の流れは，まずキーセンテンスの導入・練習，それから新出語句の発音と意味の確認，そして本文の読解というスタイルもあれば，今日はキーセンテンスを導入し練習する日，明日は本文の意味・構造を確認する日と，2つの柱を別立てで扱うスタイルもあります。

　キーセンテンスの扱いに関しては，不定詞，比較，受動態，現在完了，関係代名詞といった文法項目は何十年も変わっておらず，どう教えるかに関してさまざまな研究が行われ，研究会や書籍で多くの活動案や教材が発表されてきました。したがって，その気になればいつでもアイデアをもらうことができます。一方，教科書本文をどう活かすかに関する書籍は，ほとんどないと言っていい状態です。これは教科書自体が数年でリニューアルされることが一因だと思われますが，教科書本文を使った楽しく知的で学力がつく活動があまり知られていないことが最大の原因であると考えられます。

　したがって，中学校の教育研究大会等の英語公開授業ではキーセンテンスを用いたゲームや活動，道案内や電話などの場面のページの活動を披露するのがほとんどであり，教科書本文を扱う授業を公開することは滅多にありません。教科書のトピックに関する発展的な学習を披露されることはあっても，本文を読解し，暗記し，応用するという，発展的な学習に行く前の段階を見せられないのは，訳読して暗記テスト，そして問題集やワークブックを使った演習という3つの活動が中心であり，公開するだけの自信がないと言われる先生が多いのです。

　教科書の本文には，モノローグ，ダイアローグ，3人以上の会話文という異なる形態があります。そして，モノローグには物語文，説明文，意見文などの種類があり，さらに主語が3人称である場合や1人称である場合などに分類できます。これに加えて，代名詞の種類と数，動作動詞の割合，1文のセンスグループの数といった条件によって，本文の活用法は異なります。

　教科書本文を効果的に活用する手法を豊富にもっていれば，それを使って本文を料理したり，食材（本文）を見てどの調理法が一番ふさわしいかを相談したりすることができます。裏返して言えば，そのような"教材研究の観点"をもっていなければ，いくら本文やキーセンテンスとにらめっこしても，生徒を夢中にさせ，楽しませ，鍛え，英語力を伸ばすような活動を思いつくことは難しいと思われます。

　本書では，第1章で教科書本文のさまざまな料理法をご紹介し，第2章で活動や教材を作ったり選んだりする際の観点や留意点・注意点を述べます。また，キーセンテンス（重要表現）を使って活動や教材を作成する際の留意点もご紹介します。本書を読まれてから教科書をご覧になると，今までと違った印象をもたれるはずです。各ページでできる活動が複数思い浮かぶようになり，「本文をどう捌けばよいのか」から「本文を使った活動のどれを選ぼうか」へと変わっていきます。どのページでどの活動をするかを決定することは，1年間の献立表を作るようなものです。先生方が教科書本文を使った教材研究を楽しまれ，生徒さんも知的な活動で頭をフル回転させ，骨太の活動に息を切らし，分かった時の面白さと，できた時の感動を味わうことができる授業を楽しみ，その結果英語力が伸びていくことを願っております。

Introduction … 教材・活動を作る前に

2 ▪ 学習の段階と授業展開

	理解 ▶	暗記 ▶	応用 ・	発展
学習内容	教科書本文の意味や構造を理解する。	教科書本文を暗記する。	・教科書本文の一部を入れかえて新しい文を作る。 ・肯定文を疑問文にするなど，文の形を変える。	・教科書本文に英文を加えたり，続きを英語で書いたりする。 ・本文のトピックに関して調べ学習をし，英語で発表・討論する。
教師の発問と指示	よい発問	よい指示	よい指示	よい指示
学ぶ喜びの種類	・考える。 ・気づく。 ・共有する。 ・討論する。	英文や表現が身につく。	英文が作れるようになる。	・既習事項を駆使する。 ・未習事項に挑戦する。
生徒の自力度	低 先生や友人に教えてもらったり，ガイドブックに助けてもらったりしてもよい。	高 準備段階では先生や友人に助けてもらってもよいが，チェックを受ける時は自力。	高 準備段階では先生や友人に助けてもらってもよいが，チェックを受ける時は自力。	高 準備段階では先生や友人に助けてもらってもよいが，チェックを受ける時は自力。
ALT の活躍度	低	中	中	高

　英語学習には「理解」「暗記」「応用・発展」という段階があります。
　最初の「理解」の段階では，まず自力で本文を読み，行間を読んだり，推理をしたり，ふさわしいイラストやジェスチャーを考えたりして，楽しみながら深く読解していきます。行間を読んで答えを探すのは時間がかかりますので，その部分は宿題にしておき，授業はその答え合わせから始めるというのも一案です。
　英文の意味や構造を理解したら，次はその英文を「暗記」します。暗記は辛い作業ですので，少しでもその辛さを忘れるように楽しさを加えてあげるのが教師の仕事です。
　そして，暗記した"意味構造を理解している英文"を「応用」して一部を入れかえたり，文の形を変えたりして英文を作っていく練習をし，最後はそれらを駆使した英語のコミュニケーションへと「発展」します。このような段階を経ることが語学の流れ／外国語学習の流れです。もちろん，暗記や応用のトレーニングをしている中で，どんどん理解が深まっていくこともよくありますので，必ずしもこのような流れで授業展開が進むとはかぎりません。

　それでは，「学習の段階」に沿って，教科書本文を使ったさまざまな活動の詳細をご紹介しましょう。

第 1 章　教科書本文を使った活動

① 理解 ▶ 暗記 ▶ 応用・発展

② 理解 ▶ 暗記 ▶ 応用・発展

③ 理解 ▶ 暗記 ▶ 応用・発展

④ 理解 ▶ 暗記 ▶ 応用・発展

1 理解 ▶ 暗記 ▶ 応用・発展

1.1. 行間を読んだり文の裏にある意味を推測したりする活動

1.1.1 あなたも名探偵コナン（裏情報を探せ）

　行間を読んだり，言外の意味などを考えたりする活動。必ず証拠となる語句や文がないといけない。高校の教科書が細かく描写されているのに対して，中学校の教科書は学年が低いほどテキスト量が少ないので，行間に情報があったり，文の裏の意味があったりすることが多い。

　まず教師が英文を味わい，場面や登場人物の心情を考えてみる。そして，裏情報が見つかったとき，豊かな発問ができる。豊かな発問は，生徒を「読書」させる。答えを求めて何度も何度も教科書本文を能動的に読む中で，生徒は英文を理解しようとする。

〔例〕
(1) I <u>finished writing</u> the essay yesterday. という文の下線部から得られる裏情報は？
(2) It's hot here in Australia, but it's very dry. という文の裏にある，日本に関する２つの情報とは？

〔解説〕
　(1) エッセイを１日で書いたのではないということ。１日で書いたなら，finished writingではなく，wroteとするはず。(2) 日本は今冬であることと，日本の夏は湿度が高いという裏情報がある。
　なお，「1.3.1　ジェスチャー読解」(p. 13)で例として挙げている本文もこの活動で使える。活動例を紹介しているので参照されたい。

1.1.2 表現深読みクイズ

　大学の教養英語の授業で，テキストの中の英文を取り出し，なぜその単語が使ってあるのか，他の単語ではだめなのかを考えさせたり，本文中のthatの意味を考えさせたり，熟語の意味の成り立ちを考えさせたりすると，学生はスタックする。

　"英語⇔日本語"を行き来するだけの授業を受けてきた学生は，英語を体で感じていないので，例えばtake part in □は「□に参加する」と覚えているだけで，なぜtakeとpartという語が出てくるのかを尋ねると答えられないことが多い。また，１文全体和訳ばかりやってきた学生は，センスグループ和訳や逐語訳でthatを尋ねると，関係代名詞，接続詞などの品詞名を言うことはできるが，「もう少し詳しく説明するとそれを」とか，「ということ」のように和訳ができない。それらは，１文全体和訳では無視してしまう部分だから。

〔例〕

This new PC will leave the others in the dust.

「この新しいパソコンは他を圧倒するでしょう。」

この文には，なぜdustという語が出てくるのでしょうか。このdustの意味は？

解説

「隣の馬車が一気に走り去り，ほこりにまみれているうちに姿が見えなくなってしまった＝置き去りにされた，敗北を喫した」という意味になる。

なぜそのような言葉を使うのか，
理由が分かると喜びが大きく，
理解が深まります。

1.1.3 深読み True or False

　教科書本文を読み，その内容に関してTrue or Falseをよく行うが，概して面白くない。それに味付けをするため，「あなたも名探偵コナン」の要素を加えたTrue or False Questionsの表を作ると，生徒は食いつく。

〔例〕

次の会話文を読んで，表中の各質問に答えよう。教科書のイラストや写真を参考にしてもかまいません。

オーストラリア，シドニー近郊にホームステイしているアヤが，小学生のアリスの宿題を手伝っています。

Aya: What did you find out, Alice?

Alice: Well, for example, Australia is larger than Japan.

Aya: Right. Australia's a continent.

Alice: My teacher said it's the smallest of the seven continents.

Aya: Seven? Don't you mean six?

Alice: No, in Australia we count seven.

Aya: That's interesting. What about the seasons?

Alice: In Japan, January is the coldest month, but it's the hottest here. Let's go swimming!

Aya: After your social studies homework!

ONE WORLD English Course 2 平成24年版 p.99（教育出版）

Yesか Noで答えてください。(該当する欄に○,不明な場合は△を記入)	Yes	No
(1) アリスがオーストラリアと日本の違いや共通点を調べていることを,アヤは知っていることがセリフから推測される。		
(2) アリスはこの会話の時点で,日豪両国の相違点や共通点をかなり見つけている。		
(3) アヤのセリフ "Right." は,アリスの言葉に感心したと言うより,戸惑いのほうが強い。		
(4) アヤは社会科が得意である。		
(5) アヤはとても英語がうまい。		
(6) アリスは七大陸の名前を知っている。		
(7) この会話は1月に行われている。		
(8) アヤは少しお姉さん的な立場を感じながらアリスと話している。		
(9) アリスは気が散りやすい性格である。		
(10) アヤのセリフ "Australia's a continent." の裏にあるもう1つの文を英語で書いてください。		

解説

　決定的な証拠がないものは△とするので,実質は True と False の二者択一ではないところがミソ。それぞれの文をどんな気持ちで言ったか,どのような背景があっての発言かなどを,普段から考えていないと思いつかないので,教師のクリエイティビティが求められる。解答例は以下のとおり。

(1) Yes

　　アヤの最初のセリフが "What are you studying, Alice?"(何を調べているの?)ではなく,"What did you find out, Alice?"(何が分かった?)と尋ねる文だから。

(2) Yes

　　for example と言っているから,この時点で複数発見しているはず。

(3) △

　　オーストラリアと日本の違いや共通点を尋ねているのに,アリスが面積の比較をした。アヤは「それは程度の違いで,共通点や相違点ではないじゃん!」と思ったので次のセリフ "Australia's a continent." がアヤの口から出てきたと思われるが,戸惑ったという確証はない。

(4) △

　　七大陸と聞いてすぐに,「六大陸じゃないの?」と聞き返せるのは素晴らしい。しかし,それだけで社会科が得意かどうかは分からない。その1つの違いが何大陸であるかも尋ねず,季節の話に切り替えているので,アヤは全ての大陸を言える自信がなく,話題を変えようとしたのかもしれない。

(5) Yes

　　「え,6つじゃないの?」を "Don't you mean six?"(あなた七大陸と言ったけど,本当は6つのつもりで言ってるんじゃないの?)と言えるのは,英語力が相当高い。

(6) △

　　アリスは "No, my teacher said there are seven continents."(先生は大陸が7つあるって言ってたよ)

ではなく，"No, in Australia we count seven."（オーストラリアでは大陸は7つ数えるんだよ）と言っているので，七大陸の名前を言えるかもしれない。しかし，決定的な証拠とはならない。なお，英語では，Asia, Europe, Africa, North America, South America, Australia, Antarctica というように，大陸名にはAがつくものが多い。

(7) △

アリスは "In Japan, January is the coldest month, but it's the hottest here." と言った直後に "Let's go swimming!" と言っているので，この日の気温はかなり高い。アヤは冬休みを利用してオーストラリアに行っている可能性が高いので，12月か1月にこの会話が行われていると思われるが，1月という確証はない。

(8) Yes

"What did you find out, Alice?" や "What about the seasons?"（季節に関してはどうなの？）などと，答えをある程度知った上でアリスに発言をさせようとしているので，中学生として小学生に教えてあげようという雰囲気が感じられる。さらに，最後の "After your social studies homework!" というセリフも，お姉さん的な発言。ホストマザーに，「ちゃんとアリスが勉強するように見ててね」と言われていたのかもしれない。

(9) Yes

大陸と聞いて七大陸の話題を持ち出したり，泳ぎに行こうと言い出したりして，オーストラリアと日本の相違点や共通点を探せという質問からは離れた発言をしているから。

(10) Japan is an island country.

1.1.4 ロケ地はどこだ？

教科書の会話文がどこで行われているかを推測する活動。観光地で行われている会話であれば，地図を持ってきて，具体的にどこでの会話かを推測する。そこにある何かについての会話であれば，どの角度から見ながら話しているかなどを考えると臨場感が出る。

〔例〕
A: Wow! That's a lot of water.
B: Yeah. Our rain coats are soaked with the mist.
A: This is not mist, but splash. It looks like the water breaks the sky and comes down from the sky.
B: You can say that again.

解説

レインコートを着て大量の水を見ている上，まるで水が空を突き破って流れてくるという感じがするのであれば，ナイアガラの滝やイグアスの滝などが考えられる。かなり滝に近づいて見ていると思われるので，ナイアガラの滝の場合，観光船「霧の乙女号」の中から滝を見上げての会話だと考えられる。

1.2. 登場人物の心境・心情・性格などを読み取る活動

1.2.1 Mind Reading（心境・心情の変化を形容詞や表情で表そう）

　登場人物の気持ちが変わってくることが見える文章では，それぞれのセリフを言う時や描写されている瞬間はどのような気持ちなのかを，形容詞などで表す。

〔例〕
Bさんはそれぞれのセリフをどんな気持ちで言ったでしょうか。次の(1)〜(3)にBさんの気持ちを表す形容詞を書き入れてください。

A: Are you free tomorrow afternoon?
B: Maybe.（1.　　　）
A: There will be a concert at the Community Center.
B: Oh. What kind of concert?（2.　　　）
A: A big band will come from Tokyo.
B: Wow! That's great! Let's go!（3.　　　）

解説
(1) Bさんは最初Maybeと言っているので乗り気でない。これはreluctantやunwilling，not interestedなどで表す。和英辞典を持っていない中学生なら，日本語も可。
(2) 興味を示しているのでinterested。
(3) excitedなど。

1.2.2 登場人物の性格・特徴・心・家族構成などを読み取ろう

　中学の教科書は，登場人物が3年間固定されているので，それぞれの性格づけができる。その性格を読み取ったり，その証拠となる文や語句を探したりする活動。中学2，3年の教科書では伝統文化，自然科学，人権，地理，歴史など，トピックに重きがあるが，1年ではほとんどの話題が登場人物の日常生活なので，とくに性格づけがしやすい。登場人物の性格・特徴一覧表を作っておき，その証拠となる文や表現が出たら書き込ませるようにしておくと，生徒は内容を考えながら英文を読むようになる。

〔例〕
次の会話文を読み，ケンタの性格や特徴を見抜いて日本語で書いてください。

Kenta: I like soccer a lot. Do you like soccer?
　Mei: No, I don't. I like tennis.

> *Kenta:* You do? I like tennis, too!
> *Aya:* Do you like pop music?
> *Mei:* Yes. I play the guitar.
> *Kenta:* Oh, I have a guitar, too!
>
> *ONE WORLD English Course 1* 平成24年版 pp.40-41（教育出版）

解説

ケンタはメイに興味津々。あるいは，メイが好き？　やたらエクスクラメーションマークもついているので，かなり興奮状態かも。ケンタはとても調子がよくてノリのいい子かもしれないが，ちょっと鬱陶しそうでもある。

1.2.3　過去を暴け！（登場人物の過去の秘密を読み取ろう）

「1.1.1　あなたも名探偵コナン」(p. 4)と同様に，行間を読んだり文の裏にある意味をとったりする活動。登場人物の過去の秘密が想像できるような文章では，ネーミングを変えて「過去を暴け！」とすると，生徒に少し違った活動のような印象を与える。

> 〔例〕
> 次の会話文を読み，お父さんとお母さんの過去の秘密を暴いてください。
>
> ウエスト家のイギリス旅行です。一行はロンドンに到着しました。
>
> *Mom:* Here we are in London!
> *Jun:* What time is it, Dad?
> *Dad:* 3:30.
> *Jun:* No kidding! It's already getting dark.
> *Mom:* In winter the daytime is only eight hours long here. So in England I like summer the best.
> *Dad:* Not me. I like winter better than summer. The airfare is the cheapest then.
> *Jun:* Give me a break.
>
> *ONE WORLD English Course 2* 平成18年版 p.71（教育出版）

解説

お母さんは，「ここ（ロンドン）では冬は8時間しか日が出ていないの。だからイングランドでは夏が一番好きよ」と言っているので，過去に1年を通してイングランドに住んだことがあるはず。また，お父さんは「冬は航空券が一番安いからね」と言っているので，年間の航空運賃を調べたことがあるはず。「お父さんは留学中のお母さんとイングランドで知り合い，お母さんに会いに何度かイングランドに来たことがある」というのは，ひょっとするとそうかもしれないが，決定的な証拠となる文はない。

1.2.4 あなたも星飛雄馬

　言葉は頭と心が動き，口が連動して動いたときの音声。したがって，1つひとつのセリフの前には何か心の中でつぶやいたと考える。これは，そのつぶやきを拾ってみるという活動。

　中1の最初はまだできない生徒もいるので，教師が手本を示す。その後は生徒に考えさせてみる。単なる和訳をする生徒もいるが，最初はそれでもOK。教師の手本は，生徒のクリエイティビティを刺激するような面白いものでありたい。

〔例〕
次の会話文を読み，セリフを言う前の心のつぶやきを（　）内に書いてください。

イヌを連れた人が通りかかるのを見て，2人はペットについて話します。

Lisa: ①（　　　　　　　　　　　　　　　　　　　　　）
　　　Do you have any pets?
Aki:　②（　　　　　　　　　　　　　　　　　　　　　）
　　　Yes, I have some hamsters.
　　　③（　　　　　　　　　　　　　　　　　　　　　）
　　　How about you?
Lisa: ④（　　　　　　　　　　　　　　　　　　　　　）
　　　I don't have any pets.
　　　⑤（　　　　　　　　　　　　　　　　　　　　　）
　　　How many hamsters do you have?
Aki:　⑥（　　　　　　　　　　　　　　　　　　　　　）
　　　Yesterday, two. Today, eleven!
　　　⑦（　　　　　　　　　　　　　　　　　　　　　）
　　　Do you want some?

ONE WORLD English Course 1 平成18年版 pp.34-35（教育出版）

〈解答例〉
① あ，向こうを歩いている女性がイヌ連れてる。いいな。アキはペット飼ってるかな？
② なんてタイムリーな。うちのハムスター軍団大変なの。とりあえず返事しよ。
③ リサにもきいてみよ。
④ いや，うちマンションだからさ。
⑤ ところでアキちゃん，some って言ってたよな。もっと具体的に言ってよ。
⑥ ゆうべ大変だったんだから。もう，次から次へとポコポコ出てきて。
⑦ このままだとエサ代，大変！

解説

　心のつぶやきを考えるときは，それぞれの日本語が次の英文を引き出すように保証しなければならない。「理解」の段階で心のつぶやきを作ったら，次はペアになり，一方がそれぞれの心のつぶやきを日本語で言い，もう一方がそれを聞いて本文を思い出して暗唱するという「暗記」の活動で活用する（「2.2.4 星飛雄馬音読」〔p. 73〕）。したがって，等位接続詞で結ばれている文は2つに分けて，1文ずつ心のつぶやきを作らなければならない。1つのつぶやきで複数の文を暗唱させると，下位層の生徒はつまずく。なお，「暗記」の活動が終わったら，上位層の生徒は心のつぶやきを英語に直してみるという「発展」的な活動を行うことができる（「4.2.1　あなたも星飛雄馬」〔p. 115〕）。したがって，この活動は常に「理解」→「暗記」→「発展」という3段階を保証してくれる（中1段階ではまだ難しいが）。ダイアローグや会話文のページでは毎回使えるが，同じ活動が連続すると生徒は飽きるので，連続しないように配慮する。

　なお，「あなたも星飛雄馬」というネーミングは，『巨人の星』というマンガで，星飛雄馬や左門豊作，伴宙太，花形満などの登場人物が，それぞれボールを投げるまで，あるいはバットを振るまでに「この大リーグボール養成ギプスで……」とか，「兄ちゃんはおまえたちのために絶対に打ちますたい！」などと心の中でつぶやくので，それにちなんで名付けた。

1.2.5　あなたも星飛雄馬：性格設定編

　これは，登場人物の性格や心情を教師が決めてしまい，その設定の中で「あなたも星飛雄馬」をするという活動。

〔例〕

次の会話文を読み，「ケンタの調子のよさや知識不足にイラッとしているトム」という設定でトムの心のつぶやきを（　　）内に書いてください。

ケンタがロンドンにホームステイしています。ホスト・ファミリーの中学生トムと一緒に散歩しています。

Kenta:　This is a really beautiful neighborhood.

　Tom:　①（　　　　　　　　　　　　　　　　　　　　　　）

　　　　　Yeah, I love it.

　　　　　②（　　　　　　　　　　　　　　　　　　　　　　）

　　　　　I have lived here in Harrow since I was born.

Kenta:　I've stayed at your house for just one week, but I love this town, too.

　Tom:　③（　　　　　　　　　　　　　　　　　　　　　　）

　　　　　It's lunchtime.

　　　　　④（　　　　　　　　　　　　　　　　　　　　　　）

　　　　　Are you hungry?

Kenta:　I've been hungry for an hour!

第1章　教科書本文を使った活動

> *Tom:* ⑤ (　　　　　　　　　　　　　　　　　　　　　　　　)
> 　　　　Let's get fish and chips.
> *Kenta:* Chips?
> *Tom:* ⑥ (　　　　　　　　　　　　　　　　　　　　　　　　)
> 　　　　Chips are French fries.
> *Kenta:* French fries?
> *Tom:* ⑦ (　　　　　　　　　　　　　　　　　　　　　　　　)
> 　　　　Don't worry.
> 　　　　⑧ (　　　　　　　　　　　　　　　　　　　　　　　　)
> 　　　　You'll love them!
>
> 　　　　　　　　　　　　　　*ONE WORLD English Course 3* 平成24年版 pp.18-19（教育出版）

解説

　ここでは，トムの心情だけを設定し，その心のつぶやきの例だけ載せたが，実際の授業では全ての登場人物の性格や心情を設定し，それぞれの心のつぶやきを書く。解答例は以下のとおり。

① そりゃ当然だろ。
② まあ，ここの町しか知らないけどね。
③ ほんまかいな。なんか，お世辞くさいなあ。話題を変えよう。
④ まあ，きく必要もないけど，昼飯時だからとりあえず言ってみよう。
⑤ ケンタは食いしん坊だから，安くてうまいものにしよう。
⑥ イギリスではチップスなんだよ。じゃあ，アメリカ式で言ってみよう。
⑦ ああ，これ以上言っても無駄だ。
⑧ 食いしん坊のケンタなら何でも満足するだろう。

『巨人の星』がピンとこない世代用に，「心のつぶやきを書こう」という別名もあります。

1.3. 体の動きで本文を表現する活動

1.3.1 ジェスチャー読解

　文字どおり，会話をジェスチャーで表す活動。動作動詞や具体的なものを表す名詞が多いページに向いている。逆に抽象的な言葉や状態動詞などが多いページには向かない。

〔例〕

次の会話を，（　）内に示された数のジェスチャーを交えて音読しよう。その際，中華街の写真を使ってもかまいません。

　　Aya: How about lunch in Chinatown, everyone? (5)
　　Bob: That's a great idea! (3)
　　Mei: Does this bus go to Chinatown? (4)
Kenta: No, no. (2)
　　　　It doesn't go there. (4)
　　Bob: Huh? (3)
　　Aya: Don't worry, Bob. (2)
　　　　Kenta doesn't know. (3)
　　　　All these buses stop in Chinatown! (5)
　　Bob: You're right. (2)

ONE WORLD English Course 1 平成24年版 pp. 70-71（教育出版）

〔解説〕

　この例のようにジェスチャーの数を指定するのも一案。その数のジェスチャーを入れるために，生徒は本文を何度も読み返す。以下に解答例を示す。

　Aya: How about lunch in Chinatown, everyone?
　　　時計を見るアヤ／お昼時になっていることに気がついておなかがすいたしぐさをする／昼ご飯を食べるしぐさ／中華街の写真を指さす／手のひらを上に向け，左から右へ動かしてみんなに尋ねる

　Bob: That's a great idea!
　　　アヤを指さす／greatを表す動作をする／頭を指さす

　Mei: Does this bus go to Chinatown?
　　　近くのものを指さす動作をする／バスの形を表す／goを表す動作をする／中華街の写真を指さす

Kenta: No, no.
　　　バスの時刻表を見る／首を横に振る

　　　It doesn't go there.
　　　バスを手で形作る／手や腕で×を表す／行くという動作を表す／中華街の写真を指さす

第1章　教科書本文を使った活動

Bob:　Huh?
　　　ガイドブックを見ている／驚いてケンタを見る／再びガイドブックで確かめる
Aya:　Don't worry, Bob.
　　　ボブを見る／首を横に振り，立てた人差し指を左右に動かす(tsk-tsk)
　　　Kenta doesn't know.
　　　ケンタを指さす／手や腕で×を表す／頭を指さす
　　　All these buses stop in Chinatown!
　　　全てのバスを指さす／近くのものを複数指さす動作をする／バスを手で形作る／止まるという動作を表す／中華街の写真を指す
Bob:　You're right.
　　　アヤを指さす／thumb upする

　この活動は，「暗記」の段階でも使える（「2.4.1　ジェスチャー音読」〔p. 77〕）。ジェスチャーをしながら暗唱をするという活動で，同時に2つのことをしなければならず，高度な活動である。そのレベルに行く前に，「2.1.2.　語順指さし音読」(p. 59) や「2.2.1　センスグループ合いの手音読」(p. 71) をしてセンスグループごとに分けて暗記したり，「2.4.1　アフレコ音読」(p. 77) をするなどして，ある程度暗唱ができるようになっておく。また，「2.4.4　あなたも落語家」(p. 77) は座ったままのジェスチャー音読，「2.4.2　手話音読」(p. 77) は手や指を使いながらのジェスチャー音読であるが，これも一足飛びにはできないので，同様のつなぎの活動をしてから行うとよい。

✓ Check!

　なお，この会話は，「1.1.1　あなたも名探偵コナン（裏情報を探せ）」(p. 4)，「1.1.2　表現深読みクイズ」(p. 4) でも使える。教科書を開かせずに，テキストだけを打ち出して読ませ，こう尋ねる。

　「ボブのセリフは不思議なものばかりだね。まず，なぜ That's a good idea. ではなく，That's a great idea! と言ったんだろうか。また，Huh? や You're right. も考えさせられるよね。なぜそういうセリフが出てきたんだろう。」

　"Huh?" と "You're right." というボブのセリフから，ボブが横浜のバスの路線図を持っているはずだと分かる。そして，"That's a great idea!" からは，中華街にある有名店の代表料理の写真を見て，おいしそうだなあ，食べたいなあと思っていたボブの心境が垣間見える。ボブは横浜の『バス路線図つきガイドブック』を持っているはずだ。実際に教科書の該当ページを開くとボブがそれらしきものを持っているイラストがついている。このように先に教科書を見てしまうと，文字情報から情景や心情を推測する力を生徒から奪ってしまう。したがって，教科書はイラストや写真を活用する活動を行うとき以外は最初から開かせずに，テキストだけを打ち出したものを準備して読ませたい。

1 理解 ▶ 暗記 ▶ 応用・発展

1.3.2 手話読解

　文字どおり，本文を手話で表す活動。手話といっても，生徒は正式な手話を知っているわけではないので，手や指を使ったジェスチャーだと思えばよい。

　「理解」の段階で手話読解をしたら，次の「暗記」の段階では実際に手話をしながら本文を暗唱するという活動をするとよい（「2.4.2　手話音読」〔p. 77〕）。その際は，ペアになり，一方が手話で本文を演じ，もう一方がそれを見て本文を暗唱するという方法もある。そちらのほうが難易度が低く，やりやすい。

〔例〕

この会話を（　）内に示された数のジェスチャーを用いて表すと，どのようなジェスチャーをしますか。写真やイラストを使い，ジェスチャーは手だけを使ってください。

Kenta: ① Who's the man in that picture? (2)
Jun: ② It's Tanaka Hisashige, an inventor. (2)
Kenta: ③ What did he invent? (2)
Jun: ④ A lot of things, (1)
　　　⑤ like unique *karakuri* dolls. (1)
　　　⑥ This one serves tea. (3)
Kenta: ⑦ How? (1)
Jun: ⑧ First, she walks toward you with tea on her tray. (6)
　　　⑨ Then she stops in front of you, so you can drink the tea. (6)
　　　⑩ When you return the cups, she turns around and goes back. (6)
Kenta: ⑪ What about cookies? (1)

田中　久重

ONE WORLD English Course 2 平成24年版 pp. 60-61（教育出版）

〔解説〕

　「手話読解」「手話音読」は，本文の全てを手と指を使って表現できるにこしたことはないが，そうでない場合はこの例のように写真やイラストを使うとよい。学年が上がるにつれて抽象的な言葉が多くなるし，「ジェスチャー読解」「ジェスチャー音読」が使えるページより，手話活動が使えるページの方が少ないので，中1〜中3の教科書本文全ページの活動案を練る際には，まず教科書の中でこの活動ができるページがあるかどうかを調べる。

　中学の教科書は3年間で1セットなので，全て目を通してみることが大切である。また，生徒も3年生になれば常に1〜3年分の3冊を手元に用意しておくと活動の幅が広がる。「教科書を学校に置いて帰ってはいけない」という先生もいるが，私は中学校教員時代，生徒にその日に持ち帰って使うもの以外は学

校に置いていても差し支えないと言っていた。そこでどの教科書・副教材を持って帰ろうか思案することは，自主自立につながると考えていたからである。

以下が前ページの例題の"手を使ったジェスチャー案"である。

① 田中久重の写真を指さす／指や手を使って四角い写真を表す
② 田中久重の名前を指さす／ひらめきのイラストを指さす
③ 両手を広げて肩をすくめる／ひらめきのイラストを指さす
④ 「たくさん」を手で表す
⑤ からくり人形の写真やイラストを指さす
⑥ 茶酌娘のイラストを指さす／手を差し出す／お茶を指さすか手で表す
⑦ 両手を広げて肩をすくめる
⑧ 「1」を指で表す／茶酌娘を指さす／歩く動作を表す／聞き手の方に向かっていく様子を表す／お茶を指さすか手で表す／お盆を指さすか手で表す
⑨ 茶酌娘を指さす／立ち止まる動作を表す／聞き手の正面を表す／聞き手を指さす／飲む動作を表す／お茶を指さすか手で表す
⑩ 聞き手を指さす／戻す様子を手で表す／湯飲みを指さす／茶酌娘を指さす／反転を手で表す／戻っていく様子を手で表す
⑪ クッキーを持った茶酌娘のイラストを指さす

1.3.3 視線はどこだ

これもジェスチャー読解の派生形。登場人物がそれぞれのセリフを言う際，視線がどこに向いているかを考えさせる活動。

〔例〕

各登場人物が，それぞれのセリフを言う時にどこを見ているかを表にしてみましょう。なお，彼らは今カリフォルニアの道路を車で移動中です。バーンズさんが運転しており，助手席には奥さん，子どもたちは後部座席に座っています。

ジュンはトムの家族と車でキャンプに行きます。トムの5歳の妹ケイティもいっしょです。

Katie: ① I'm hungry!
Jun: ② Katie, look! ③ We can see the ocean now.
Katie: ④ The ocean! ⑤ I can swim, you know.
Jun: ⑥ That's great.
Katie: ⑦ I can read, too. ⑧ That says "hamburgers"!
Mr. Barnes: ⑨ We can't stop now, Katie.

ONE WORLD English Course 1 平成18年版 pp. 66-67（教育出版）

1 理解 ▶ 暗記 ▶ 応用・発展

解説

このようなページには動きがあり，登場人物も複数いるので，それぞれが発言するたびにその人物の方を見る可能性が高い。さらにこの例のように，何かを指さして発言しているセリフがあるページはこの活動がやりやすい。解答例は以下のとおり。

	ケイティ	ジュン	バーンズさん
①	お母さんやお父さんなど	ケイティ	前方
②	ジュン	ケイティ	前方
③	海	海（とケイティ）	前方
④	海	ケイティ	前方
⑤	ジュン	ケイティ	前方
⑥	ジュン	ケイティ	前方
⑦	ハンバーガー店の看板	ケイティか車外	前方
⑧	ハンバーガー店の看板	ケイティとハンバーガー店の看板	前方
⑨	お父さん（バーンズさん）	バーンズさん	バックミラーに移るケイティ

① ケイティはお母さんの方を向いて，もしくは前方の座席に座る両親に向かって "I'm hungry!" と言っていると考えられる。ジュンか，もう1人の登場人物であるトム（ここではセリフなし）かもしれない。いずれにしても，決定的な証拠はない。

② ジュンは，ケイティの方を向いて，あるいは海を見ながら言っている。それまでに海が見えていたらケイティも気づいているはずなので，この会話の様子では，ジュンが "Katie, look!" と言うまでは海は見えていなかったと思われる。ということは，山の中やフリーウェイを走っている間に，山の隙間から海が見えたのかもしれないし，海岸沿いの道路にぶつかるT字路に入る直前かもしれない。もしくは，T字路の海沿いには建物があり，そのT字路に侵入する時は海は見えず，T字路を曲がった直後に海が見え始めた時のセリフかもしれない。つまり，この会話文は「1.1.4 ロケ地はどこだ」(p.7) という活動でも有効。

③ 海を見ている。

④ ケイティも海を見ている。

⑤ ジュンに向かって自慢そうに言っている。

⑥ ケイティを見て褒めている。

⑦ 外の景色を見てハンバーガー屋さんを見つけたあとジュンの方を向いて言っている。もしくは，ジュンの方を向き "I can read, too." と言ったのち，車窓から読める文字を探しているかもしれない。

⑧ ハンバーガー屋さんの看板を見て言っている。

⑨ 運転をしながらちらっと後部座席のケイティを見て，あるいはrearview mirror（バックミラー）に映っているケイティに向かって話しかけている。

1.4. テレビ・映画的な活動

1.4.1 場面（シーン）とカットはいくつ？

　高校の教科書や，中学2・3年の教科書に比較的多く見られるnarrativeなパートで行う活動。中学教科書ではReadingの単元を探してみるとよい。

　教科書本文をテレビ化，あるいは映画化すると仮定して，場面（海辺，ホテルのロビー，レストランなど）とカット（複数のカメラで収録し，どのカメラで映している映像を選ぶかを決めて編集者がカメラを選んだり切り替えたりすること）の数を数えるという活動。

〔例〕
以下の会話を映画化すると，シーンは2つで，1つめの場面でのカットの数（カメラが切り替わる回数）は4つ，2つめの場面でのカットは8つになります。それらのシーンとカットを書いてみよう。

今日はハロウィーンです。みんながボブの家に集まっています。

Kenta: Treat or trick!

　Bob: Hi, Kenta! You should say, "Trick or treat."

Kenta: Oh, sorry. Trick or treat!

　Bob: Come on in! Everybody's here.

　Jin: Kenta, you should try these pumpkin cookies.

　Aya: But you must wash your hands first!

Kenta: OK.

　Mei: Bob, this jack-o'-lantern is scary. Who made it?

　Bob: My mom and I did.

Kenta: Mmm! Should I wash this cookie plate?

　Aya: Kenta! You ate them all?

ONE WORLD English Course 2 平成24年版 pp. 68-69（教育出版）

〔解説〕
解答例は以下のとおり。

［シーン1］ボブの家の玄関先

カット：①セリフを間違うケンタ　②ケンタを出迎え，ケンタの間違いを直すボブ　③謝ってから間違いを言い直すケンタ　④みんなはもう来ているので家に入れというボブ

［シーン2］ボブの家の中

カット：①パンプキンクッキーを差し出すジン　②汚れた手でそれを受け取るケンタ　③ケンタの手が汚れていることを見つけて洗えと言うアヤ　④素直に言うことをきいて手を洗いに行くケンタ

⑤ジャック・オ・ランタンを見て怖がり，だれが作ったかと尋ねるメイ　⑥お母さんに手伝ってもらったことを告白するボブ　⑦最後の1枚のクッキーを食べ，皿を洗ったほうがいいかときくケンタ　⑧あきれるアヤ

　この活動の長所は，生徒が文章を精読しなければならないことにある。上の例のように場面数とカット数をあらかじめ提示して読ませる方法もあるし，数を指定せずに読ませる方法もある。指定しない場合は，読んだあと（予習として読んでこさせると時間短縮になる）グループになり，何場面と何カットだったかをお互いに言わせるとよい。いずれにしても，ペアやグループで答えを確認させると，教え合い学習・学び合い学習が展開される。

1.4.2　あなたもスピルバーグ（ト書きと演技指導）

　この活動は，「1.4.1　場面とカットはいくつ？」をより具体的にしたもので，それぞれの場面やカットでどのような演技をしたらいいかを詳述する活動。「映画監督になったつもりで，演技指導をしてみましょう」という意味でこのタイトルをつけた。会話文や説明文のページで使える。この活動で詳述するのは台本でいうと"ト書き"の部分にあたる。ト書きとはセリフの間に俳優の出入り・しぐさ・舞台装置・効果音などの指定を書き入れた部分を指す。

〔例〕

この会話文で，ジンはそれぞれのセリフを言う時，どんな表情や動作とともに言っているのでしょうか。日本語で表そう。

夏休みも終盤のある日，ジンとケンタがサッカー部の練習を終えて話しています。

Jin: ① Oh, I'm tired.

Kenta: Are you free this afternoon, Jin? I want to show you around Asakusa.

Jin: ② Asakusa?　Maybe....

Kenta: They have a famous temple there. Do you want to see it?

Jin: ③ Not really.

Kenta: Then I want to take you to an *okonomiyaki* restaurant.

Jin: ④ *Okonomiyaki*?

Kenta: It's like *chijimi*.

Jin: ⑤ Oh, you mean *jeon*.　⑥ Then let's go!

ONE WORLD English Course 2 平成24年版 pp. 36-37（教育出版）

【解説】

　ジンはセリフが短く，相当疲れていると思われる。それがチヂミの話になると元気になり，チヂミを食べるなら浅草まで行くというのはいったい……。解答例は次のとおり。

第 1 章　教科書本文を使った活動

① 疲れ切った表情
② けげんな顔つき
③ "興味ないなあ" という顔つき
④ 興味を引かれて目がぱっと開く
⑤ "あ，食べたい！" という顔つき
⑥ にこにこして立ち上がろうとする

　この会話では，ケンタの心の動きは大きくないが，ジンの心は変化しているので，「1.2.1　Mind Reading」(p. 8) をすることもできるし，会話文での定番活動である「1.2.4　あなたも星飛雄馬」(p. 10) もできる。「あなたもスピルバーグ」もこれらと同じような活動だが，少し目先が変わって生徒は新鮮な気持ちになるし，会話の中でジンの表情がどんどん変化するので，「あなたもスピルバーグ」をやるにふさわしいと考える。

　なお，この例ではジンのセリフしか扱っておらず，ケンタのセリフに対する理解を保証するためには，ケンタがなぜこのようなことを言っているのかを考えさせたり，この会話をする前にどんなことを考えたか，お母さんとどんな話をしたかを日本語で書かせたりするとよい。そして，最後はそれを英語にするという高度な活動もある（「4.1.6　本文の序章や続きを書こう」〔p. 112〕）。

1.4.3　あなたも活弁士

　これも「1.4.2　あなたもスピルバーグ」(p. 19) 同様，ト書きの活動の一種である。"活弁士" とは，(活動写真) 弁士ともいい，無声映画時代に上映中の映画の画面に合わせてその内容やセリフを語った人のことである。

〔例〕
次の対話文が無声映画の一場面だとして，（　）内に活弁士のセリフを入れてみましょう。「給食にボブの見慣れないものが出ている」という設定での会話です。

(1) (　　　　　　　　　　　　　　　)
Bob:　I'm hungry. What is this?
Mei:　It's an egg roll. It's very good.
Bob:　Oh, is it?
　　　　︙
(2) (　　　　　　　　　　　　　　　)
Bob:　Mmm.... Is this a Chinese dish?
Mei:　Yes, it is.

ONE WORLD English Course 1 平成 24 年版 pp. 28-29（教育出版）

解説

解答例は以下のとおり。

(1) 給食が配膳され，みんなで合掌して「いただきます」を言う前に，ボブは目の前の食べ物を見ております。空腹だが得体が知れない食べ物を目の前にして，ボブはメイにこう尋ねるのでございます。

(2) 係の生徒が号令をかけ，みんなで「いただきます」と言ったあと，ボブは初めて口にする春巻きに関する質問をするのでございます。

上の例は，an egg roll や Chinese dish がジェスチャーやイラストにしにくいので，ト書きの活動に向いている。「あなたも活弁士」は，「暗記」の段階で暗唱する際，複数のセリフを一度に思い出させる活動になるので，ト書きの活動の中では最も難しい。この例のように短いセリフが多いページで行うか，もしくは「2.1.2　語順指さし音読」(p. 59)や「2.2.1　センスグループ合いの手音読」(p. 71)といった，センスグループごとに暗記していく活動をしてから行うとよい。

1.4.4 別室からの指示

これは，「1.2.4　あなたも星飛雄馬」(p. 10) の変形版。2人の登場人物の会話が，別室にいるコーチやディレクター，ステージママなどによってコントロールされているという設定。登場人物に指示を出すそれらの人々のセリフを考える。

〔例〕
以下は，初めてのインタビューで緊張する新入社員ペリー・アンダーソン記者と，失言が多いことで有名なフィギュアスケート選手のテイラーさんとの会話だと仮定します。2人にはイヤホンから指示が聞こえます。アンダーソン記者に指示を出すプロデューサーと，テイラーさんに指示を出すコーチのセリフを考え，日本語で書こう。

Producer: (1　　　　　　　　　　　　　　　　　　　　　　)
Interviewer: This is Perry Anderson reporting from the Grand Prix of Figure Skating.
Producer: (2　　　　　　　　　　　　　　　　　　　　　　)
Interviewer: Ms. Taylor, the Short Program didn't go well for you yesterday.
Coach: (3　　　　　　　　　　　　　　　　　　　　　　)
Ms. Taylor: No, I made two mistakes which lowered my score.
Producer: (4　　　　　　　　　　　　　　　　　　　　　　)
Interviewer: But you were excellent in the Free Staking this afternoon.
Producer: (5　　　　　　　　　　　　　　　　　　　　　　)
Interviewer: What was the difference?
Coach: (6　　　　　　　　　　　　　　　　　　　　　　)
Ms. Taylor: There are always things which make me nervous.

```
        Coach: (7                                                    )
   Ms. Taylor: But today, I didn't feel any pressure.
     Producer: (8                                                    )
  Interviewer: Well, it was a beautiful performance. Congratulations!
     Producer: (9                                                    )
       Anchor: For more sports news, see our website at www.onn.com.
```
ONE WORLD English Course 3 平成24年版 pp. 70-71（教育出版）

解説

スポーツ選手や，何かを受賞した人などへのインタビューという設定のページがあれば，この活動がおすすめ。結局は「あなたも星飛雄馬」と同じだが，それとは違う印象を与える一種の"だましのテクニック"。解答例は以下のとおり。

(1) まず，自分の名前と大会名を言え。

(2) 次に，昨日のショートプログラムの失敗にふれろ。ただし，Youで文を始めるなよ。「あなた失敗しましたね」みたいに響いて，相手がむっとするからな。あ，それから気安くファーストネームなんかで話しかけるんじゃないぞ。テイラーさんと呼べ。

(3) ジャッジが悪いなんて言っちゃだめよ。自分がミスをして点が下がったと言いなさい。

(4) 今日の午後のフリーはよかったじゃないですか，と褒めろ。

(5) 何が理由なのか，きけ。

(6) あなたいつも試合前に記者が取材をしようとするとイライラするけど，そのことは言っちゃだめよ。今日は記者たちをシャットアウトしたからイライラせずにすむんだけど，それをオブラートに包んで，上手に言いなさい。いつも試合前にはナーバスになるけど，今日はそのプレッシャーがなかったとでも言っておきなさい。分かった？ nervousよ，make me angryなんて言っちゃだめよ。

(7) 今日は試合前に記者が来なかったのが勝因なんて言っちゃだめよ。いいこと，今日はプレッシャーを感じなかったのが勝因よ。

(8) いかん。おまえもテイラーもひとこと言う前に空白の時間があるから，時間がなくなった。ここで切れ。いい演技だった，優勝おめでとう，とでも言っておけ。

(9) 司会者にカメラ戻して。「続きはウェブで」と言え。

1.4.5 大道具・小道具を書き出そう

これは，「1.3.1 ジェスチャー読解」（p. 13）や「1.4.1 場面とカットはいくつ？」（p. 18）の親戚で，教科書の物語を映画化するとしたら，どのような大道具や小道具が必要かを書き出していく活動。具体的なものを表す名詞が多いページに向いている。

1 理解 ▶ 暗記 ▶ 応用・発展

〔例〕
この会話をドラマ化するとしたら，どのような大道具と小道具が必要ですか。1つひとつのセリフにジェスチャーをつけ，可能な場面では全て大道具や小道具を使うと仮定して，必要な道具と演技を考えてください。

アリスが小学校で環境問題について学習しています。どの□がA, B, Cでしょうか。

> □・Carry your own shopping bag.
> □・Use a bicycle, not a car.
> □・Turn off the lights when you're not using them.

Mr. Davis: How can we save the earth? Here are three ideas. Which one is the best?
Beth: I like B the best. We can cut CO_2 if we don't use plastic bags.
Tom: I like A better than B. A doesn't use gas.
Mr. Davis: How about in the future, Tom?
Tom: I'll buy an electric car.
Alice: I like C better than the others. Among these choices, I like C the best. I already do that.

ONE WORLD English Course 2 平成24年版 pp. 104-105 (教育出版)

〔解説〕
1文ずつ大道具や小道具が異なるとベストだが，そういうページは滅多にないので，この例のように「1.3.1 ジェスチャー読解」(p. 13)，あるいは「1.4.1 場面とカットはいくつ？」(p. 18) とセットにして行ってもよい。必要な大道具と小道具，それぞれのセリフに対応するジェスチャーの例は以下のとおり。

・大道具　教室
・小道具　ホワイトボード，地球儀，スーパーのレジ袋，ガソリン（の写真），電気自動車（の写真），年表やカレンダーなど，2030年あたりを示すことができるもの，照明のスイッチ，以下のように書かれたホワイトボード

> □・Carry your own shopping bag.
> □・Use a bicycle, not a car.
> □・Turn off the lights when you're not using them.

Mr. Davis: How can we save the earth?（地球儀：地球儀を指さす）
　　　　　　Here are three ideas.（ホワイトボード：3つの案を指さす）
　　　　　　Which one is the best?（ホワイトボード：1つずつ案を指さす）

23

Beth: I like B the best.（ホワイトボード：B案を指さす）
We can cut CO_2 if we don't use plastic bags.（スーパーのレジ袋：息を吐いてCO_2をカットするジェスチャーをし，レジ袋を使わないジェスチャーをする）

Tom: I like A better than B.（ホワイトボード：A案を指さす）
A doesn't use gas.（ガソリン〔の写真〕：ガソリンを使わないジェスチャーをする）

Mr. Davis: How about in the future, Tom?（年表など：未来を指さす）

Tom: I'll buy an electric car.（電気自動車〔の写真〕：電気自動車を指さす）

Alice: I like C better than the others.（ホワイトボード：C案を指さしたあと，A案とB案を指さす）
Among these choices, I like C the best.（ホワイトボード：3つの案を示したあとで，C案を指さす）
I already do that.（照明のスイッチ：それをオフにする）

1.5. イラストや写真などを用いた活動

1.5.1 コマ割りマンガ

教科書本文をコマ割りマンガにしていくという読解法。ただし，簡単に描けるページでないと時間がかかりすぎるので，そういう場合は教師がコマ割りマンガやイラストを用意しておき，並べかえさせるとよい。教師がマンガを描けないときは，絵が上手な生徒にお願いするという方法もある。

〔例〕
広告代理店に勤めているあなたは，次のサイトのcaption（短い説明文）に合わせて映像を作成するよう依頼を受け，右のような映像を用意しました。キャプションを音声化し，それに合わせて映像を流すとすると，どんな順番になりますか。並べていこう。

国際ロボット・コンテストへの参加募集のウェブサイトです。

Welcome to the International Robot Contest

September 6th

Yokohama, Japan

Robots never stop helping us. They cook, carry things, and work in factories. Some robots help people in hospitals!

 Do you like designing robots? Do you enjoy building them? This is your chance! Why don't you start planning a new robot? Join the contest and bring your robot to Yokohama. First prize is two tickets to N.Y. And second prize is a new computer! Click here for more information.

ONE WORLD English Course 2 平成24年版 pp. 56-57（教育出版）

解説

　中高生の中にはマンガを描くのがとても上手な生徒がいるので，教科書本文の内容を教えながら，それに即したマンガを描いてもらうとよい。授業の準備ができる上，その生徒は本文の意味をつかむし，自分の絵が教材になったことを誇りに思うので，一石三鳥である。ちなみに，コマ割りマンガを使って本文を暗唱させると，「2.5.2　マンガナレーション音読」(p. 80) という「暗記」の活動になる。

1.5.2 あなたもジャパネットたかた

商品を宣伝するような説明文のページで行う活動。テレビショッピングのように行うにはどのように読めばよいか，どのように説明すればよいか，どのような映像や写真などを使えばよいかを書く。イントネーション，ポーズ，写真や実物を持つタイミングなどを記述していくことによって読解していく。

〔例〕
次はノートパソコン（laptop computer）の宣伝です。それぞれの文を読むときの注意事項や，使用する写真やイラスト，道具などを書きましょう。

① This is Worldbook, the latest notebook computer from Worldtech. ② It's small! It's light! It's fast! ③ You can carry it anywhere and use it anytime. ④ And with the new "Longlife Battery," you can use your Worldbook for up to 24 hours! ⑤ And look at these fashionable colors! ⑥ You can choose from snow white, sky blue, cherry red, or emerald green. ⑦ People who need a computer need a Worldbook! ⑧ Get yours today!

ONE WORLD English Course 3 平成24年版 pp. 68-69（教育出版）

解説
① ワールドブックというパソコン（白，青，赤，緑の4色）のイラストを用意する。ワールドテック社製という言葉を入れておいてもよい。読むときはそれを見せながら元気よく言う。
② 「小さい，軽い，速い」はジェスチャーで。徐々にテンションを上げていく。
③ カバンに入れて歩く格好，取り出して使うジェスチャーと時計を指すジェスチャーをする。
④ 付属のバッテリーのイラストや写真を用意し，24という数字を手で表す。
⑤ "さらにまだ嬉しいことには"という感じの表情と声で，4色のパソコンを指す。
⑥ 白，青，赤，緑のパソコンを順番に指さす。
⑦ ワールドブックを持ち上げて見せる。
⑧ "すぐに買いに行こう！"という感じの声で，視聴者を指さす。

結局この活動も，「1.4.2 あなたもスピルバーグ」（p. 19）や「1.4.5 大道具・小道具を書き出そう」（p. 22）と変わらない。ただ，例えば④の24 hoursの直前に1秒ポーズを入れるなど，効果的な読み方を考えることで精読につながる。視聴者の「オー！」という声があるとさらに盛り上がる。視聴者の「オー！」という声をどこに入れるかを考えるのも読解。

どうしたらテレビショッピングらしくなるかを考えるのも読解です。

1.5.3 あなたもニュースキャスター

「1.5.2 あなたもジャパネットたかた」と同じ活動だが，ニュース番組のページがあればこの活動がおすすめ。教科書にはふつうそのニュースに即した写真が載せられているので，写真やイラストを準備する際はそれを活用するとよいが，本当はそのニュースに合った映像があると一番よい。

〔例〕

次はテレビのニュース番組です。どんな映像が映るかを想像し，日本語でメモしてみましょう。

ONNテレビで，今日のニュースが放送されています。竜巻についてのリポートです。

Anchor: ① In our next story, a tornado has hit Springfield, Texas.
② This is a photo a viewer sent to our studio.
③ Now let's go to our reporter Mike Jones in Springfield.
④ Mike, what's happening?

Reporter: ⑤ Good afternoon, Wendy.
⑥ As you can see, this is the path the tornado took.
⑦ Many of the houses here were damaged.

Anchor: ⑧ Was anybody injured?

Reporter: ⑨ Forty people were taken to the hospital.

Anchor: ⑩ Thanks, Mike.
⑪ (To the viewers) When we come back, we'll have more on the tornado.

ONE WORLD English Course 3 平成24年版 pp. 66-67（教育出版）

【解説】

自分がニュース番組のプロデューサーで，実際に番組を作るとしたらどのように映すかを想像することによって，クリエイティビティを高めていく。解答例を示す。

① テキサス州スプリングフィールドあたりの地図が映る。
② 視聴者が送ってきた写真がテレビ画面に映る。
③ 視聴者が送ってきた写真から，ハンドマイクを握りしめるレポーターのマイク・ジョーンズに画面が切り替わり，その横でアンカーのウェンディがしゃべっている。
④ アンカーがいすを少し回し，画面上のマイク・ジョーンズに話しかける。
⑤ マイク・ジョーンズが話し始める。
⑥ 竜巻が通ってがれきと化した町を片手で指す。
⑦ 大破した家を指す。
⑧ アンカーが割って入る。
⑨ 再びマイク・ジョーンズに画面が切り替わり，そこにけが人が搬送される病院の様子が少し映し出される。
⑩ アンカーに画面が戻り，アンカーはマイク・ジョーンズにお礼を言う。

第1章　教科書本文を使った活動

⑪　アンカーはいすを回して正面を向きしゃべる。右上にはスプリングフィールドの写真と TORNADO in SPINGFIELD, TEXAS などと書かれている。

　グループになり，手分けして①〜⑪のイラストを描けば，「1.5.1　コマ割りマンガ」(p. 24) の自作版となるが，時間がかかるので，教師が用意してもよい。教科書会社が用意してくれるのが一番！

1.5.4　写真やイラストを活用せよ！

　「1.5.1　コマ割りマンガ」は教科書本文全体をコマ割りマンガで表すが，この活動では１文ずつに合うイラストや写真を並べかえさせる。時間的な余裕がある場合やICTが活用できる環境であれば，生徒に写真やイラストをオンラインで探させてもよいが，時間を短縮するには教師が用意しておくほうがよい。

〔例〕
本文の内容に合うよう，下のイラストや写真の（　）内に番号を書き込もう。

キング先生が，沖縄を紹介しているウェブサイトを読んでいます。

　① Okinawa is a group of islands.　② There are beautiful, clean beaches all over Okinawa.　③ You can go scuba diving, too.
　④ In Naha, there is an interesting market.　⑤ You can buy local foods there.　⑥ There are also historical places in Okinawa.　⑦ Shurijo Castle is famous.　⑧ You can learn more about Okinawa's past at the Himeyuri Peace Museum.

ONE WORLD English Course 2 平成24年版 pp. 18-19（教育出版）

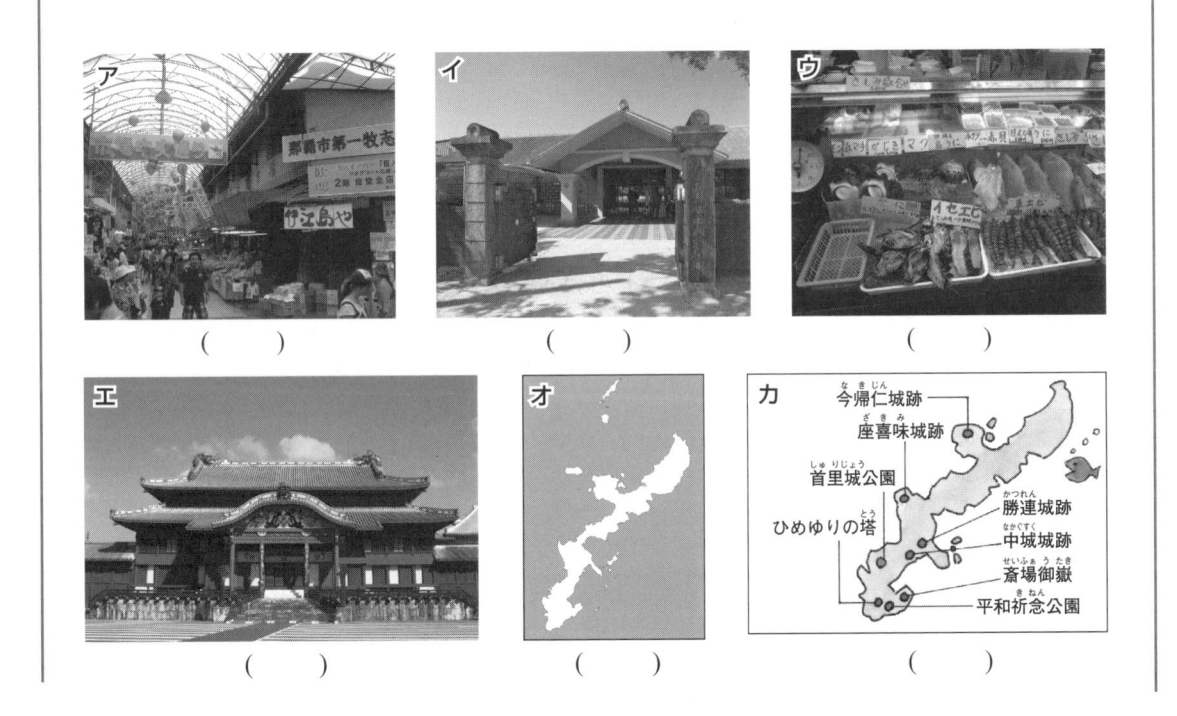

ア（　）　イ（　）　ウ（　）

エ（　）　オ（　）　カ（　）

| 1 | 理解 ▶ 暗記 ▶ 応用・発展 |

( )　　　　　( )

解説

正解は以下のとおり。

ア－④　イ－⑧　ウ－⑤　エ－⑦
オ－①　カ－⑥　キ－②　ク－③

これらの写真やイラストは，1文全体が分からなくても並べかえることができる。例えば，キはbeachesという単語，クはscuba divingという単語が読めれば写真をあてはめることができるので，scanningに近い。精読していないので「暗記」や「応用」の段階で精読を保証しなければならない。

1.5.5 絵や写真に記号や情報を書き込もう

教科書本文を読み，教科書にあるイラストや写真，あるいは追加したものに，1文ずつの情報を記号や簡単なメモで記入していく活動。例えば，「この建物は○○年に作られ，高さが□□メートルで△△階，そして今までたくさんの国際会議が開かれてきた」という文があったとすると，その建物の写真に矢印などを使って「○○年築」や「□□m」「△△階建て」「多国際会議」などと書き込んでいく。

〔例〕

次の紹介文を読み，次のイラストの中に①〜⑥の情報を日本語で書き込もう。

授業中，キング先生が家族写真を見せています。

① This is a picture of my family.
② This is my father.
③ He is a good cook.
④ This is my mother.
⑤ She is from New Zealand.
⑥ She is good at tennis.

ONE WORLD English Course 1 平成24年版 pp. 54-55（教育出版）

第 1 章　教科書本文を使った活動

> 解説

　高校の教科書などで説明文があるときは，この活動を考えてみるとよい。ポイントは1文ずつ番号をつけておくこと。そうしておけば「暗記」の段階でイラストに書き込んだ情報をもとに本文を暗唱するという活動ができる。ものを描写している文章などはこの活動を行いやすい。

①キング先生の家族写真

④キング先生のお母さん
⑤ニュージーランド出身
⑥テニスが得意

②キング先生のお父さん
③料理がうまい

1.6.　表や地図などを用いた活動

1.6.1　年表を作成しよう

　ライフヒストリーの文章があれば，この活動が使える。ストーリーを読み，chronological order で表をまとめていくという活動。

〔例〕

次の文章は，柴田知佐さんの語りです。これを読み，柴田さんに関する下の年表の (1) から (9) の空欄に適切な言葉を入れよう。

　After I learned about landmines, I wondered what I could do about them. The Internet is a good place to learn about landmines. I studied how they're made and where they're buried. I drew *manga* to teach my friends about landmines. Now you can see my *manga* on the Internet.

　I'm doing everything to remove landmines. But I'm just one person, and one person's power is so limited. If more people get interested, we can make a difference.

ONE WORLD English Course 3 平成24年版 pp. 54-55（教育出版）

小学校5年生時, 総合的な学習の時間	(1)について学び, 地雷除去作業に行ったモザンビークで片方の手足を失ったクリス・ムーンさんについて知り, (2)と考え始めるようになる。その後, 地雷がどのように (3) られ, どこに (4) られているかなどについて (5) などを使って研究。
小学校5年生修了後 の春休み	愛犬さくらをモデルに,『ノーモア地雷』という (6) を描き, クラス仲間と「コルザキッズ」を結成。地雷廃絶および除去のための活動を始めた。なお, 現在『ノーモア地雷』は (7) で閲覧できる。
中学1年生夏休み	内戦中に無数の地雷が埋められたカンボジアを2週間訪問。地雷で片足を失った16歳の少女に面会する。
帰国後	カンボジアの学校では音楽の授業がないことを知り, 日本の小中学校で使用し, その後使われていない鍵盤ハーモニカやリコーダー集め, カンボジアに送るという活動を開始。
中学2年生4月	マンガ『カンボジア旅日記』を完成。
中学3年生2月	滋賀県で開催された「地雷をなくそう！　全国こどもサミット」の前に首相官邸にEメールを送り, 出席した当時の小泉首相に『ノーモア地雷』を手渡す。
高校1年生9月	ハワイ・ホノルルで開催された環境サミットで講演し, マンガの英訳版を配布。
大学入学後	テレビのコマーシャルで地雷廃絶を訴える。その後も地雷廃絶のために (8) している。また,「勉強と活動を両立させるのは大変ですが, 自分にできる活動をしています。大切なのは, 1人の100歩より100人の1歩です」と語り, (9) と願っている。

【解説】

この表には, 本文に書かれていないことも含まれている。もちろん, 本文に書いてあることだけでいいが, このように付加情報も加えるとより詳しくその人について知ることができるし, 本文に書いてない部分を英語で表すと,「発展」の活動となる。解答例は以下のとおり。

(1)地雷　　(2)自分に何ができるか　　(3)作
(4)埋め　　(5)インターネット　　(6)マンガ
(7)インターネット　　(8)できることは何でも
(9)たくさんの人に地雷除去活動に関心をもち, 協力してほしい

1.6.2 数値・グラフ・理由・条件などの表を作成しよう

「1.6.1　年表を作成しよう」と同じように, 教科書本文をもとにして表を作成し, 生徒は教科書を読んで空欄をメモで埋めていくという活動。結局は和訳にすぎないが, 生徒が表のどの欄にどのように書き込むべきかを考える時に脳が動く。

〔例〕

次の会話文を読み, 表の空欄に, 日本語で書き込もう。

ケンタたちが, 各国の中学生の勉強時間についてインターネットで調べました。

Ms. King: What did you find out about study time in your countries?
　Aya: Japanese junior high school students usually study for ninety minutes after school.
Kenta: Ninety minutes? I don't study that much. My mother always tells me to study harder.

Mei: In Singapore, the average is three and a half hours.

Jin: In Korea, my classmates and I studied for almost five hours.

Aya: Five hours? I'm impressed!

Kenta: I can't imagine! Your teachers want you to work too hard!

ONE WORLD English Course 2 平成24年版 pp. 126-127（教育出版）

	日本の中学生	シンガポールの中学生	ジンと同級生	ケンタ
キング先生の質問	(1)			
学習時間	(2)	(6)	(7)	(4)
ケンタの反応	(3)	—	(9)	—
アヤの反応	—	—	(8)	—
ケンタの母の反応	—	—	—	(5)

【解説】

ポイントは，単なる和訳にならないように，表の項目立てを工夫すること。この例でいうと，(3)や(4)など。解答例は以下のとおり。

(1) 各国の学習時間について何が分かったか。　　(2) 放課後90分（家庭学習も含む）

(3) 驚いている。　　(4) 90分未満　　(5) ケンタに「もっと勉強しろ」と言う。

(6) 平均して3時間半　　(7) ほぼ5時間　　(8) 感心している。

(9) 「想像を絶する」「ジンの先生は勉強させすぎ」と言っている。

1.6.3　旅程表を作成しよう

これは，旅日記的なページで使える活動。登場人物が「何日の何時にどこに行き，何をしたか」「その次に何をしたか」「その理由は何なのか」「その時どう思ったか」などを書き込ませる。

〔例〕

[1] メイのおじいさんは，何曜日に来て，その後どのような日程で京都旅行をしたのでしょうか。そして，今日は何曜日でしょうか。おじいさんの足取りを追え！

メイのおじいさんからメイにメールが届きました。

Hi Mei,

As you know, I came to Japan on Wednesday. The next day, I took a train to Kyoto and visited some temples and shrines. Yesterday I went to Higashiyama and ate *yuba* for the first time. And today I saw some beautiful young girls in *kimono* and took a lot of pictures of them.

See you soon,

Grandpa.

ONE WORLD English Course 1 平成24年版 p. 127（教育出版）

(　　)曜日：_____

(　　)曜日：_____

(　　)曜日：_____

(　　)曜日：_____

[2] 次のEメール文を読み，地図などを参考にして，キング先生がどのような経路・どのような日程で旅行をしたかを推測し，表中の（　）内に適切な言葉を入れてください。なお，キング先生は日帰り旅行で，メイのおじいさんは[1]から引き続き関西旅行をしていると考えてください。

キング先生からメイにメールが届きました。

Hi Mei,

This morning I joined your grandfather and took him to Osaka Castle. It was amazing!

Then we tried *takoyaki* and *okonomiyaki*.

They were not expensive, but they were very good.

In the afternoon we went to Kobe.

The view from Port Tower was beautiful.

Now we're at the airport. It's on an island.

See you at school tomorrow.

Best,

Ms. King

ONE WORLD English Course 1 平成24年版 pp. 128-129（教育出版）

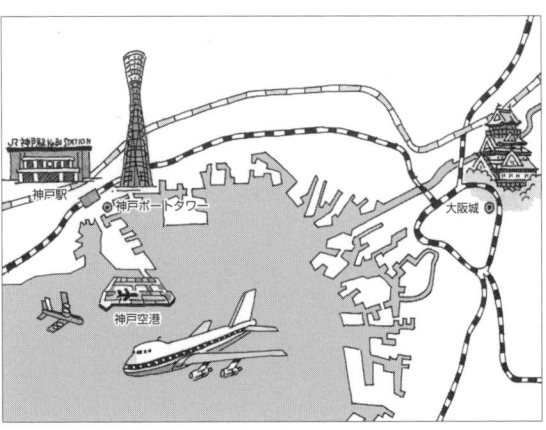

第1章 教科書本文を使った活動

日　　時	キング先生の行動	感想など
①（　　）曜日 6時30分頃	横浜の自宅を出発。	―
②（　　）時頃	③（　　　　　　　　　）と合流。	―
10時30分頃	JR新大阪駅から大阪駅へ，そこから環状線に乗り，メイのおじいさんとともに④（　　　　　）に到着。	⑤（　　　　　　　）った。
⑥（　　）時頃	途中で小腹がすいたので，⑦（　　　　　）を食べる。その後，⑧（　　　　　　　　）に挑戦。ただし，このときは少しおなかがふくれていたし，粉ものの連続だったので1枚しか注文していない。(前ページのイラスト参照)	それらは⑨（　　　　　）ったが⑩（　　　　　　）った。
14時頃	JR線で⑪（　　　　）に到着。	―
⑫（　　）時（　　）分頃	駅から徒歩で⑬（　　　　　　　）へ移動。展望台に行く。	⑭（　　　　　　　　）だった。
18時頃	神戸市内観光をしたのちに，ポートライナーにて⑮（　　　　　）に移動。それは⑯（　　　　）にある。	―

解説

　これも一種の「1.1.1　あなたも名探偵コナン」(p. 4)であり，英文を何度も読ませることが狙い。イラストや写真，地図からも情報を得てほしいが，英文を読まなくても答えられる質問は避けたい。メイのおじいさんの足取りを読み取ると，以下のようになる。

[1]　水曜日：　日本に到着。
　　　木曜日：　電車で京都に移動。神社仏閣を見学。
　　　金曜日：　東山に行き，湯葉を食べる。
　　　土曜日(今日)：　舞妓さんを見て写真を撮りまくる。

[2]　①日　②10　③メイのおじいさん
　　　④大阪城　⑤すばらしか　⑥12
　　　⑦たこ焼き　⑧お好み焼き　⑨高くなか
　　　⑩とてもおいしか　⑪神戸　⑫14, 10
　　　⑬ポートタワー　⑭そこから見る景色がきれい
　　　⑮神戸空港　⑯人工島

1.6.4　パンフレット・ポスターを作ろう

　イベント案内や参加者募集，ボランティア募集などに関するページで，そのパンフレットやポスターを作ることになったと仮定して，英文で書かれた情報を箇条書きのような短い形にして書き込むという活動。パンフレットやポスターの写真やイラストまで作らせると時間がかかりすぎて，英語ではなく美術になってしまうので，簡単な絵を描かせる程度でとどめたり，テンプレートを数種類用意したりする。

1 理解 ▶ 暗記 ▶ 応用・発展

〔例〕

次の英文を読み，下のパンフレットの元版に情報を書き込んでいきましょう。なるべく短く，パンフレットのうたい文句のように書き込んでください。すでに書かれている情報も活用し，どの情報がどの文を表しているかを①〜⑧の番号で示してください。

① Do you want a different kind of vacation? ② Then how about a trip to the moon? ③ The Full Moon Hotel is now offering package tours at half price. ④ You get transportation, room, and meals on our special moon train. ⑤ Come join us for a fantastic trip. ⑥ Don't you want to do something new and exciting? ⑦ Then this is the vacation you want to take. ⑧ For more information, visit us at http://www.fullmoon.co.mn.

ONE WORLD English Course 3 平成18年版 pp. 64-65（教育出版）

【解説】

解答例を以下に示す。

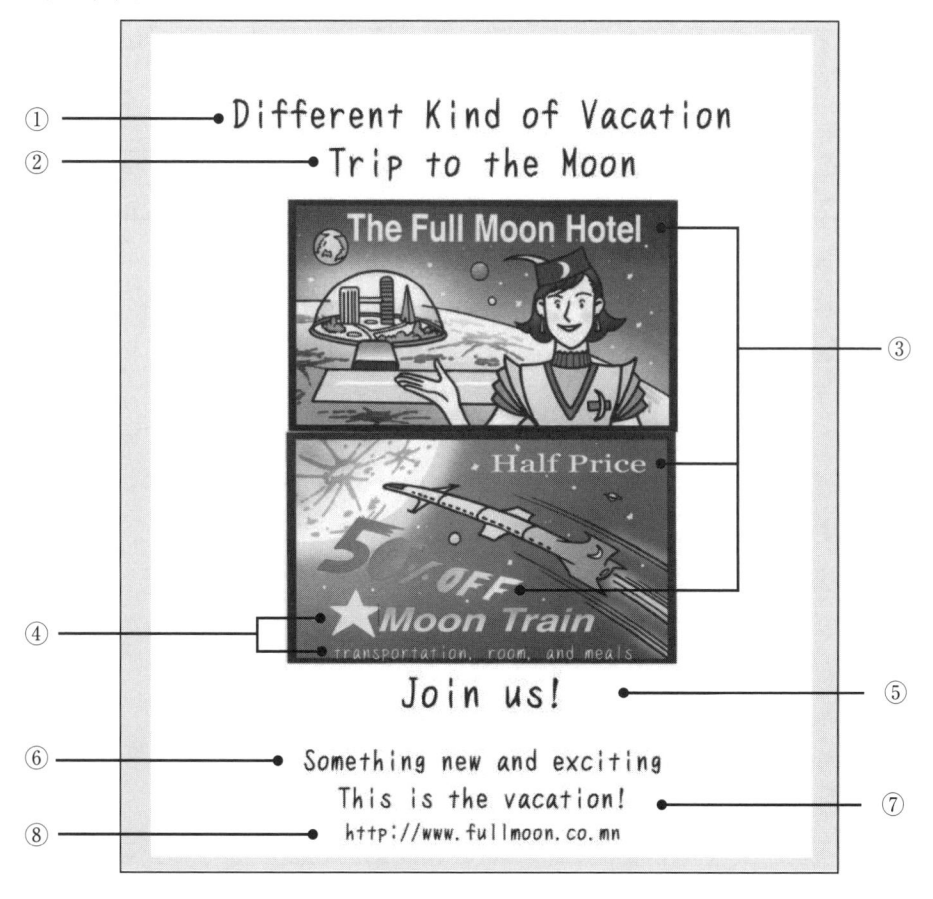

① Different Kind of Vacation
② Trip to the Moon
③ The Full Moon Hotel / Half Price
④ Moon Train / transportation, room, and meals
⑤ Join us!
⑥ Something new and exciting
⑦ This is the vacation!
⑧ http://www.fullmoon.co.mn

　この例では③以外の文字情報を生徒に書き込ませる。なるべく短い言葉で書くのがポイントであり，文中のどの語を選ぶかを決める時に精読しなければならなくなる。⑤の Join us! はもちろん Come join us! でもよいし，エクスクラメーションマークはピリオドでもよい。

1.7. 合いの手を入れる活動

1.7.1 合いの手を入れよう

　英文の意味をセンスグループごとに上からとっていくための活動。1文が長い場合,「暗記」の段階で暗唱をする際は,英文を忘れかけた頃に合いの手を入れてもらうと思い出しやすくなる。そこで,「理解」の段階で適切な場所に日本語で合いの手を入れてみる。慣れないうちは教師が日本語を用意しておき,生徒に適切な場所へ入れるよう指示するとよい。1文が長くなってきた頃に始める活動。

〔例〕
次の①〜⑱の合いの手を,下の英文の適切な場所に入れてください。

① 将来の夢は？　② だれみたいな？　③ いつ？　④ 浦島甲一さんが好きなの？　⑤ 代表作は？　⑥ 何が写ってんの？　⑦ それってどこにあるの？　⑧ 豊頃町って？　⑨ どれぐらいのペースで写真を撮ったの？　⑩ その写真気に入ってんの？　⑪ 浦島さんの写真との出会いは？　⑫ うん,その写真どうだった？　⑬ そんなに感動したの？　⑭ 何をするのに？　⑮ 浦島さんの写真ってそんなにすごいの？　⑯ 何を学べるの？　⑰ どういうふうに？　⑱ どんな写真でも？

　I want to be a photographer like Urashima Koichi in the future. He is my favorite photographer. He took these pictures of the same elm tree in Toyokoro-cho near Obihiro day after day. Aren't they beautiful? When I saw them for the first time, they really changed me. I was too moved to express my feelings. I think we can learn how to see nature in a different way from these pictures.

ONE WORLD English Course 3 平成18年版 p. 53（教育出版）

〔解説〕

解答例は以下のとおり。

① 将来の夢は？　　　　　I want to be a photographer
② だれみたいな？　　　　like Urashima Koichi
③ いつ？　　　　　　　　in the future.
④ 浦島甲一さんが好きなの？　　He is my favorite photographer.
⑤ 代表作は？　　　　　He took these pictures
⑥ 何が写ってんの？　　　of the same elm tree
⑦ それってどこにあるの？　　in Toyokoro-cho
⑧ 豊頃町って？　　　　near Obihiro
⑨ どれぐらいのペースで写真を撮ったの？　　day after day.
⑩ その写真気に入ってんの？　　Aren't they beautiful?
⑪ 浦島さんの写真との出会いは？　　When I saw them for the first time,
⑫ うん,その写真どうだった？　　they really changed me.

⑬ そんなに感動したの？　　　I was too moved
⑭ 何をするのに？　　　to express my feelings.
⑮ 浦島さんの写真ってそんなにすごいの？　　　I think we can learn
⑯ 何を学べるの？　　　how to see nature
⑰ どういうふうに？　　　in a different way
⑱ どんな写真でも？　　　from these pictures.

上の例のように合いの手を入れると，それらの合いの手に合わせてセンスグループが並んでいるように思える。まずは独力でこれらの合いの手を本文中に入れてみてから，ペアやグループになって答え合わせをすれば，上位層の生徒たちがイニシアティブをとりながら説明し始める。

1.7.2　勝手に英会話 A

モノローグかつ説明文，というパートで行う活動。「説明文」とは文字どおり何かを説明している文章だが，その文章を構成している1つひとつの文が質問に対する答えだと仮定して，その質問をする人物，Aさんを登場させる。そして，モノローグの各文がAさんの質問に対する回答だと考える。なお，「1.7.1　合いの手を入れよう」はセンスグループごとに合いの手を入れたが，「勝手に英会話A」では1文につき1つの合いの手しか入れないので，「暗記」の段階で暗唱する際は，より高度な活動となる（「2.2.2　勝手に英会話A」〔p. 72〕）。

〔例〕
次の文章を，Aさんの質問にボブが答えたものだと仮定して，Aさんがどんな質問をしたのかを考え，日本語で書きましょう。

　マンガ好きのボブが，クラスでAstro Boyについて話します。
　This is Astro Boy. He is a *manga* character. But I can't draw him very well. Sorry! His name is "Atom" in Japan. Astro Boy is very powerful and smart. He can fly fast. And he can speak sixty languages. I like him a lot.
ONE WORLD English Course 1 平成24年版 pp. 92-93（教育出版）

A: (1　　　　　　　　　　　　　　　　　　　　　　　　　　　　)
Bob: This is Astro Boy.
A: (2　　　　　　　　　　　　　　　　　　　　　　　　　　　　)
Bob: He is a *manga* character.
A: (3　　　　　　　　　　　　　　　　　　　　　　　　　　　　)
Bob: But* I can't draw him very well.　　*Butは取ってもよい。
A: (4　　　　　　　　　　　　　　　　　　　　　　　　　　　　)
Bob: Sorry!

```
    A: (5                                                         )
Bob: His name is "Atom" in Japan.
    A: (6                                                         )
Bob: Astro Boy is very powerful and smart.
    A: (7                                                         )
Bob: He can fly fast.
    A: (8                                                         )
Bob: And* he can speak sixty languages.    *Andは取ってもよい。
    A: (9                                                         )
Bob: I like him a lot.
```

【解説】

以下のように，Aさんが日本語で合いの手を入れて，ボブが英語で答えたと考えると，まるで，英語が話せない中学生Aさんと日本語がよく分かる英語ネイティブの外国人の会話のようになる。質問の例は以下のとおり。

(1) それ，だれ？　　　This is Astro Boy.
(2) アストロボーイって何なの？　　　He is a *manga* character.
(3) その絵，手描きだね！　　　(But) I can't draw him very well.
(4) 確かに……。　　　Sorry!
(5) 日本でもアストロボーイっていえば有名なの？　　　His name is "Atom" in Japan.
(6) アストロボーイってどんなロボットなの？　　　Astro Boy is very powerful and smart.
(7) どんなことができるの？　　　He can fly fast.
(8) アトムってしゃべれるの？　　　(And) he can speak sixty languages.
(9) 詳しいなあ。　　　I like him a lot.

上の例のほか，
(1) それはアストロボーイ？　　　This is Astro Boy.
(2) 彼はマンガのキャラクターなの？　　　He is a manga character.

のように，それぞれの英文を全て疑問文にするやり方もあるが，それはある種の和訳であり，クリエイティビティを伸ばすものではないのでなるべく避けたい（「1.11.3　勝手に英会話A：ほとんど和訳編」〔p. 55〕）。

1.7.3　勝手に英会話 B

「1.7.2　勝手に英会話A」と同じようにモノローグのページで行う活動。ただし，「勝手に英会話B」は手紙やメール，ビデオレターなどのパートで行う。これらのモノローグは読み手を意識して書かれているので，読み手がいちいち返事をしたとするとダイアローグになる。

これは，ある時，田尻の父が台所で何かしゃべっているのが聞こえたので，親戚でも来ているのかと思って覗いてみたら，父がテレビに向かって1人でしゃべっていたのを目撃し，思いついた活動。その当時の首相をAさんとすると，田尻の父はBさんとして会話していた……。

〔例〕
アヤの説明に，Bさんという人が突然現れて1つひとつ返事をするとしたら，どんなことを言うと思いますか。日本語で書いてみよう。ただし，同じ表現を繰り返してはいけません。あるいは，「本当？」「マジで？」「へえ，そうなの」など，本文の意味が分かっているのかどうか不明の相づちも使えません。

アヤがクラスでオーストラリアでの体験について説明しています。

I went to Australia for two weeks. I did a homestay outside Sydney with the Rose family. They took me to Uluru. This is a picture of it. The first road to Uluru was built in 1948, and now over 400,000 people visit it every year. I wanted to climb it, but Mrs. Rose said we shouldn't. She said, "It's not prohibited, but it's a sacred place for Aborigines."

ONE WORLD English Course 2 平成24年版 p. 110（教育出版）

Aya: I went to Australia for two weeks.
B: (1   )
Aya: I did a homestay outside Sydney with the Rose family.
B: (2   )
Aya: They took me to Uluru.
B: (3   )
Aya: This is a picture of it.
B: (4   )
Aya: The first road to Uluru was built in 1948,
B: (5   )
Aya: and now over 400,000 people visit it every year.
B: (6   )
Aya: I wanted to climb it,
B: (7   )
Aya: but Mrs. Rose said we shouldn't.
B: (8   )
Aya: She said, "It's not prohibited,
B: (9   )
Aya: but it's a sacred place for Aborigines."
B: (10   )

例えば，(1)「え，オーストラリアに行ったの？」，(2)「へえ，シドニー郊外のローズさん一家のお宅でホームステイしたんだ」のように，アヤのセリフを和訳する方法もある。これも1つの手法だが（「1.11.3 勝手に英会話B：ほとんど和訳編」〔p. 55〕），以下の例のほうがクリエイティビティを駆使した感がある。なお，この「勝手に英会話B」では，Bさんのセリフは疑問文にしない。Bさんのセリフが疑問文で次の文を引き出す形になれば，「勝手に英会話A」に変わってしまう。

(1) 冬休み中ずっと行ってたのか。
(2) まあ，アヤは英語がうまいからなあ。
(3) ウルルって何だ？　聞いたことないなあ。
(4) ああ，山か。でも木が生えてないね。巨大な岩って感じ。
(5) そんなに昔じゃないんだ。
(6) 1日あたり1,096人ってことか。
(7) この岩に登れるのかな。つるつるじゃないの。
(8) まあ，登山には危険が伴うからね。
(9) まあ，ふつう登山は禁止されないでしょ。
(10) ああ，そうなんだ。だから登るべきじゃないのか。

1.7.4　性格設定突っ込み

これも「勝手に英会話B」の一種だが，Bさんの性格を決めてしまい，その人になりきっていちいち突っ込みを入れるという活動。

〔例〕
次のコマーシャルにあなたがゲスト出演することになりました。あなたはまだ買う決意ができていません。ナレーターの1つひとつのセリフのあとに突っ込みを入れるとすると，どのようなことを言いますか。日本語で書こう。なお，(1) 慎重派タイプ，(2) 文句が多いおばちゃんタイプ，(3) お調子者タイプ，(4) 各都道府県民を代表するステレオタイプなど，ゲストは多彩な人を考え，その中から好きなタイプを選んで突っ込みを作ってみよう。「小さい」「軽い」「速い」は3つまとめて聞いてから突っ込もう。

コマーシャルです。

① This is Worldbook, the latest notebook computer from Worldtech.　② It's small! It's light! It's fast!　③ You can carry it anywhere and use it anytime.　④ And with the new "Longlife Battery," you can use your Worldbook for up to 24 hours!　⑤ And look at these fashionable colors!　⑥ You can choose from snow white, sky blue, cherry red, or emerald green.　⑦ People who need a computer need a Worldbook!　⑧ Get yours today!

ONE WORLD English Course 3 平成24年版 pp. 68-69（教育出版）

例えば「(1) 慎重派タイプ」なら以下のように突っ込むかもしれない。
① どんな特徴があるんだろう。
② あのー, それって, よくある特徴ですよね。
③ まあ, 小さくて軽くて頑丈なら, 確かにどこにでも持って行けますよね。
④ 24時間ももつのか。そりゃすごい。でも24時間も電源から離れてパソコンを使うって, どういう場合があるんだろう……。
⑤ どんな色がはやっているんだろう。
⑥ えっ, それだけですか。携帯電話のブランドでは20色以上あるのもありますけど。しかも, その4色って, 結構ふつうの色だと……。
⑦ いやあ, もうちょっと説明ほしいところですよね。ちょっと躊躇しちゃいますねえ。
⑧ 値段も教えてほしいですねえ。

また, 田尻 (大阪のおっさん) ならば, こうなる。
① なんや, ふつうのパソコンやんけ。
② んなもん, でっかい, 重い, 遅いもの買うやつおれへんやろ。
③ ほな, 海の中でも使えるんか? それに寝てる間は使われへんやろ。
④ 24時間連続で使ったら目に悪い。
⑤ 色に「ファッショナブル」なんて形容詞つけるか?
⑥ たった4色やんけ!　しかも, snow も sky も cherry も emerald もつけんでええやろ。ただの白と青と赤と緑や。
⑦ そんなん決めつけられへんやろ。世界中でアンケートとったんかい。
⑧ ただならゲットしたろ!

1.7.5 音声ガイド

モノローグのページで行う活動。教科書本文がそれぞれ音声ガイドの案内にしたがって書かれていると設定して, 音声ガイドの案内を日本語で書くという活動。

〔例〕
次の①〜⑯の「手紙を書くときの音声ガイド」を本文中に入れるとしたら, どこに入れますか。本文中に番号を書き込もう。

① まず呼びかけから。
② では, あいさつをしましょう。
③ 次に相手の体調を気遣いましょう。
④ まず, 最初はお礼を述べます。
⑤ 何に対して感謝しているか, 具体的に書きましょう。

⑥ 滞在中，楽しかったことを伝えましょう。
⑦ 具体的に，どんなことが楽しかったかを書きましょう。
⑧ 理由や感想など，付け加えたいことがあったら書いてください。
⑨ 日本に帰ってきてからの生活について，まずは概要を書きます。
⑩ 次に，その具体的な内容を書きます。
⑪ 理由や感想など，付け加えたいことがあったら書いてください。
⑫ では，次に最新の話題を1つ書きましょう。
⑬ 他に何か最近していることがあれば，書き加えてください。
⑭ 最後に，再会できると嬉しいと書きます。
⑮ それまで元気でね！と書きましょう。
⑯ 敬具と名前を忘れずにね。

Dear Mr. and Ms. Smith,

　Hello. How are you? Thank you very much for taking care of me for two weeks. I enjoyed staying with you. I especially enjoyed talking at dinner. I learned a lot about your country and its history.

　After I came back to Japan, I had to face reality. I had a lot of homework to do. Why do our teachers give us so much homework?

　School began last week and I'm enjoying my school life. I showed my friends a lot of pictures of you and my happy memories.

　I hope to see you again someday. Please take care!

Sincerely yours,

Taro

【解説】

　これも一種の「勝手に英会話A」であり，音声ガイドがAさんのセリフの働きをしている。手紙や紹介文などのモノローグのページで行うことができる。今回の例では，3文めの much と for の間に⑤が入り，それ以外は全て文頭にくる。

1.8. 空白部分を埋める活動

1.8.1 キーワードを当てろ（繰り返し出てくる）

　中3や高校の教科書本文で行う活動。繰り返し出てくるキーワードがある場合それを空欄にして，どのような語が入るかを生徒に考えさせる。あるいは，他の表現に書きかえても話が通る箇所を空欄にすると，生徒同士が答えを見せ合った時に異なる答えを書いている可能性が高く，どれが一番いいかに関して

議論が始まる。

〔例〕

次の各（　）内に適切な語を入れなさい。同じ数字の（　）には同じ語が入ります。

　Have you ever (　1　)ed to (　2　)'s (　3　)? I'm sure you must have heard his (　3　) at least once or twice in your life even though you might not be a classical (　3　) fan. (　2　) is one of the most popular (　4　)rs. He is considered to be a "genius" because he (　4　)d more than 600 (　3　) pieces during his short life. (　2　)'s (　3　) is enjoyed around the world in almost every country these days. But there could be another reason to try (　1　)ing to his (　3　), too. Some people believe it has special powers.

　Several interesting experiments about (　2　)'s (　3　) have been done. According to some experiments, tomatoes, watermelons and strawberries grow better and sweeter in greenhouses where (　2　)'s (　3　) is played. Other experiments have shown that Japanese *sake* becomes milder and more delicious and cows give more milk when they are exposed to (　2　)'s (　3　). What do you think about these results?

New ONE WORLD Communication III 平成27年版 pp. 104-105（教育出版）

〔解説〕

まず自力で穴埋めをし、その後、英和辞典を使いながら再度読んでみる。そしてその後でグループになり、友だちと答え合わせをしてみる。そこで答えの違いが出てくるので、話し合いが活発になる。正解は、(1) listen, (2) Mozart, (3) music, (4) compose。

　(1)は -edや -ingがついているところがあるので、規則動詞でなおかつ、その動詞は〈子音＋短母音＋子音〉やeで終わっていないことが分かる。(4)は語尾に -rsや -dがついているので、eで終わる規則動詞であることが分かる。(3) は song/songsとしてしまう生徒も出てくるが、直後に isが来ている部分があるので、単数形だと分かる。そこで songを入れてみると、2行めは a classical song fanとなり不自然。また、3行めでは直後に piecesが来ている部分があるので、不可算名詞の musicのほうがふさわしいという結論に至る。なぜそれが一番ふさわしいかを話し合わせ、その結果を英語で書くと「発展」的な活動となる。

1.8.2　ピリオドを打とう

　これは、どのページでもできる活動。各文からピリオドやクエスチョンマークを削除し、文頭を小文字にして1パート分の英文を並べ、ピリオドやクエスチョンマークを打たせるというもの。英語の歌でも同じ活動ができる。例えば、ビートルズやカーペンターズがカバーしたことでも有名な *Please Mr. Postman* には、I've been standing here waiting, Mr. Postman, so patiently for just a card or just letter saying he's returning home to meというスタンザがあるが、これなどは1文であり、ピリオドは1つしかない。

第 1 章　教科書本文を使った活動

1.8.3　前置詞・冠詞を入れよ！

　説明したい前置詞や冠詞が出てきた場合，教師はついついそれをしゃべってしまう癖がある。しかし，早口で情報量が多い 1 回きりの説明は生徒にとって理解しづらく，でも先生が力説しているから大切な情報なんだろうと思って，生徒は先生が黒板に書くことをとりあえず写す。これは高校の英語の授業でよく見られる光景である。

　前置詞や冠詞に関することでクローズアップすべきものがある場合，教えるのではなく考えさせるほうが理解と定着の度合いが増す。そのための活動が，「前置詞・冠詞を入れよ！」である。文字どおり，教師が大切だと思う前置詞や冠詞の部分を空欄にしたテキストを打ち出し，それを埋めさせる。すると生徒は辞書を使いたがるようになる。その後，グループで答え合わせをさせると，活発な議論が起こる。

　教えられる授業から，考える授業へ。社会は「考える人材」を求めている。

1.9.　文構造を確認する活動

1.9.1　スラッシュを入れよう

　1 文が長く，複雑な構造のものや，大切な前置詞や冠詞があるページでは，教師が詳しく説明する前に，まず生徒自身にセンスグループ分けをさせるとよい。その 1 つが「スラッシュを入れよう」である。

〔例〕
以下の文章に，センスグループごとにスラッシュを入れてください。

　The idea of agroforestry in the Amazon area came from the lifestyle of its native peoples. They grew various kinds of plants around their houses, which allowed them to be self-sufficient. In this way, they could live off the fruits and vegetables from each season's harvest. They lived in harmony with nature without destroying the environment.
　　　　　　　　　　　　　　　New ONE WORLD Communication II 平成 26 年版 p. 132（教育出版）

解説
　どれぐらい細かくセンスグループに分けたかはあまり問題ではなく，どこにスラッシュを入れたかが大切なポイントとなる。グループになり，それぞれが入れたスラッシュを確認し，「そこはスラッシュないでしょ」というところを探させる。

　上の例文では live off the fruits and vegetables のどこかにスラッシュを入れることを考えさせると議論が巻き起こり，辞書を引き始める。このフレーズにある off は依存を表し，「（人や物）に頼って，…を食べて」などの意味をもつ前置詞なので，live / off the fruits and vegetables となる。

1.9.2 センスグループ和訳（ランダム和訳）

　本文をセンスグループに分け，重要な部分に下線を引いたものを印刷して生徒に渡す。そして，センスグループごとに和訳をするとともに，下線部に関してどのような質問をされるかを予測させる。下線部は意味のみならず，語源，派生語，熟語であればその成り立ちについてなど，また「1.1.2　表現深読みクイズ」(p. 4) や文法・語法に関する質問も行う。

　授業では，数人のグループを作り，グループごとに生徒が家庭学習で完成させた各自のセンスグループ和訳を見せ合い，異なる部分について話し合いをしてコンセンサスを得た時点で教師のところに行く。そこで教師はそのグループの生徒をランダムに指名し，「センスグループ和訳」や「表現深読みクイズ」を行ったり，文法などに関する質問をしたりする。5秒間無言だと不合格となり，再度グループで検討させる。

　このやり方だと，全員がしっかり英文の意味・構造を理解してこなければならず，また下線部に関する質問予測が違うと，再度調べなければならなくなる。不合格のグループが出ると，他のグループが情報を得るためにそのグループに行くので，協同学習が広がる。そして，全員が教師の質問を共有し始め，辞書などを使って協力してその答えを探すようになる。

　和訳や文法に関する質問は，ふつう生徒を1人ずつ指名して立たせて言わせることが多い。しかし，そのやり方だと，生徒は1度答えれば当分順番が回ってこないので，その間の集中が切れる。また，自信がない生徒は声が小さくなり，他の生徒は教師とその生徒のやりとりが聞こえないので，自分たちの和訳などが合っていたかどうかすら分からないことがある。

　この活動はガチガチの和訳と文構造分析の活動だが，グループでの協力，教え合いが必要であり，なおかつ問題予測をしなければならないので，生徒は頭を使い，話し合い，全ての文の意味や構造を理解しようとし，さらにグループ間の交流も生まれるので，楽しさを感じることができる。

　1点注意すべきことは，学力が低い生徒に集中して言わせないこと。また，その生徒には，分かるまで徹底的に友だちに教えてもらうよう伝える。

✓ Check!

　「理解」→「暗記」→「応用・発展」という学習プロセスでは，「理解」はまず自力でやらないといけないが，どうしても分からない場合は友だちや教師にきけばよい。その後の「暗記」や「応用」は，友だちや教師の援助はあっても，最終的には自分の努力でしか成し遂げられない。

　「理解」の段階では生徒を1人ずつ指名するのではなく全員で協力して行い，「暗記」や「応用・発展」の活動に時間を費やすことが，旧態依然とした英語授業からの決別だと思う。

1.9.3　カード和訳

　「カード和訳」とは，以下の図のように英文を語順構成要素ごとにカードにして，その上に日本語で意味を書かせるという活動。これもセンスグループ和訳の一種であるが，「3.2.1　あなたも英語教師」(p. 97) をする際に，文構造を理解しているほうが疑問文を作りやすくなるので，その布石とする。

第1章　教科書本文を使った活動

なお，図表の中の太枠のカードはbe動詞か助動詞を表しており，太枠のカードを主語の前に移動すると疑問文になるということを可視化したものである。（模範解答は「1.9.4　図形和訳」〔p.48〕を参照。）

〔例〕

次のカードは，文の構造を示したものです。それぞれのカードの上に，日本語で意味を書き込もう。なお，動詞には〈意味〉と〈時制や時〉という2つの情報があります。ここでは，例えばsawは「見る」という〈意味〉と「過去」という〈時〉を表しています。また，When I was in the fifth gradeのwasは，「いる／ある」という〈意味〉と，「過去」という〈時〉を表していますが，進行形や受け身を作るbe動詞は〈時制や時〉しか表していません。ですから，それらのbe動詞の場所には「過去」とか「現在」と書いてください。

インターネットで，柴田知佐さんの映像を見ています。

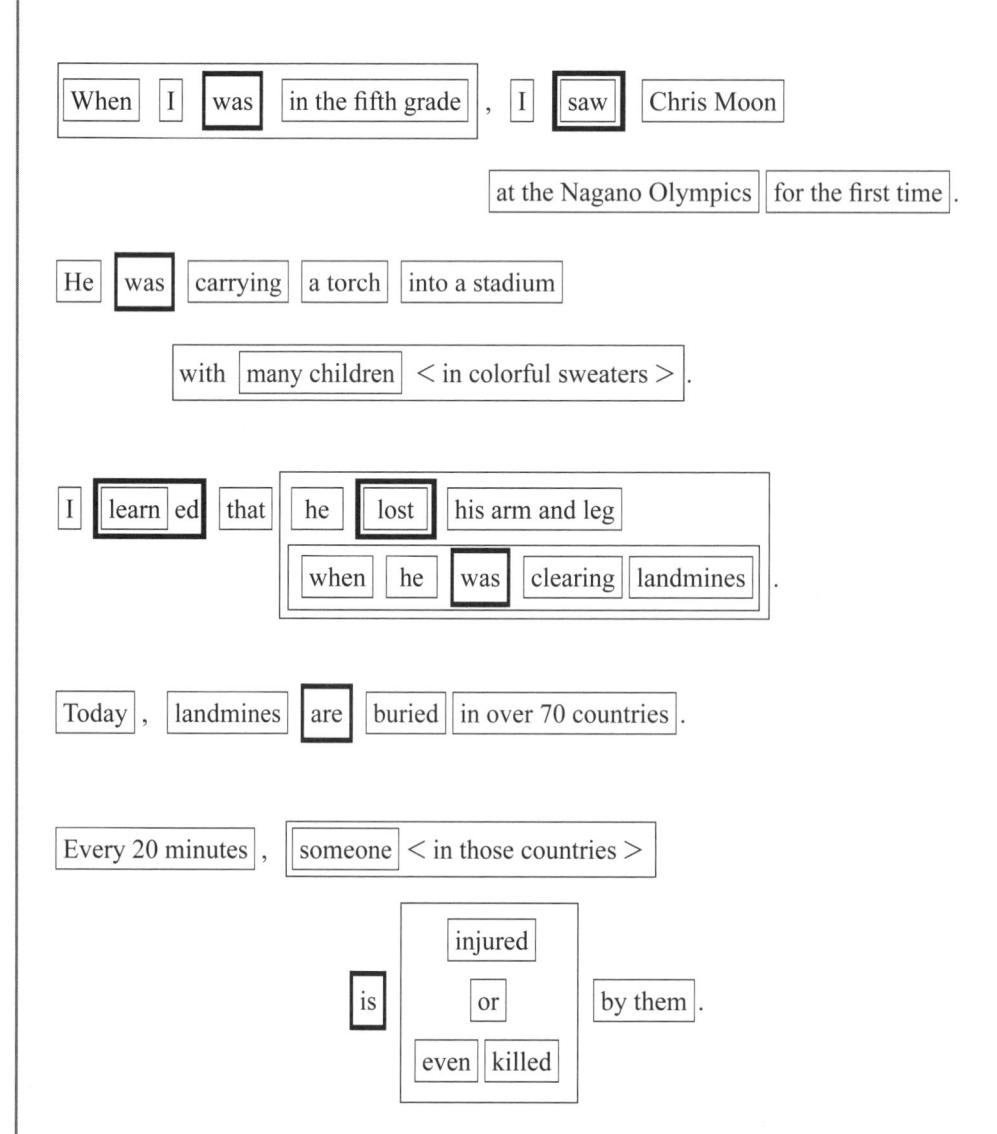

| When | I | was | in the fifth grade | , I | saw | Chris Moon |

　　　　　　　　　　　　　　　| at the Nagano Olympics | for the first time |.

| He | was | carrying | a torch | into a stadium |

　　　| with | many children | ＜ in colorful sweaters ＞ |.

| I | learn ed | that | he | lost | his arm and leg |
　　　　　　　　　| when | he | was | clearing | landmines |.

| Today |, | landmines | are | buried | in over 70 countries |.

| Every 20 minutes |, | someone | ＜ in those countries ＞ |
　　　　　　| is | injured / or / even killed | by them |.

ONE WORLD English Course 3 平成24年版 p. 53（教育出版）

1.9.4 図形和訳

「1.9.3 カード和訳」はカード内に英語の語句が入っているが,「図形和訳」では,英語の語句が入っておらず,日本語訳したものを数カ所入れておき,文構造を考えてカード内に適切な語句を入れていくというもの。「図形和訳」のほうが「カード和訳」よりも難易度が高い。

〔例〕

次のカードは,以下の文章の各文の構造を示したものです。それぞれのカードの中に,日本語で意味を書き込もう。「ということ」という意味の接続詞 that は『　』で表しています。

　When I was in the fifth grade, I saw Chris Moon at the Nagano Olympics for the first time. He was carrying a torch into a stadium with many children in colorful sweaters. I learned that he lost his arm and leg when he was clearing landmines.

　Today, landmines are buried in over 70 countries. Every 20 minutes, someone in those countries is injured or even killed by them.

ONE WORLD English Course 3 平成24年版 pp. 53（教育出版）

| とき | 私が | いた | 第5学年の中に |, | | | クリス・ムーンを |
| | | | | | で | | て |

| 彼は | 過去 | 運んでいる最中 | | を | | に |
| | | と一緒に | | < | > |.

| 私は | | だ |『 彼は | | た | | を |
| | | | とき | 彼が | 過去 | | 最中 | | を |』.

| 今日では, | | 現在 | | | |.

| | , | | < | > |

| | 現在 | | | |
| | | | または | | |.

47

解説

　これも結局はガチガチの文構造分析と和訳だが，目先を少し変えるだけで生徒は食いつく。この図形を見ながら英文を暗唱するのが，「2.6.4　図形『日本語ヒント・頭文字・英文構成要素ヒント』音読」(p. 82)である。

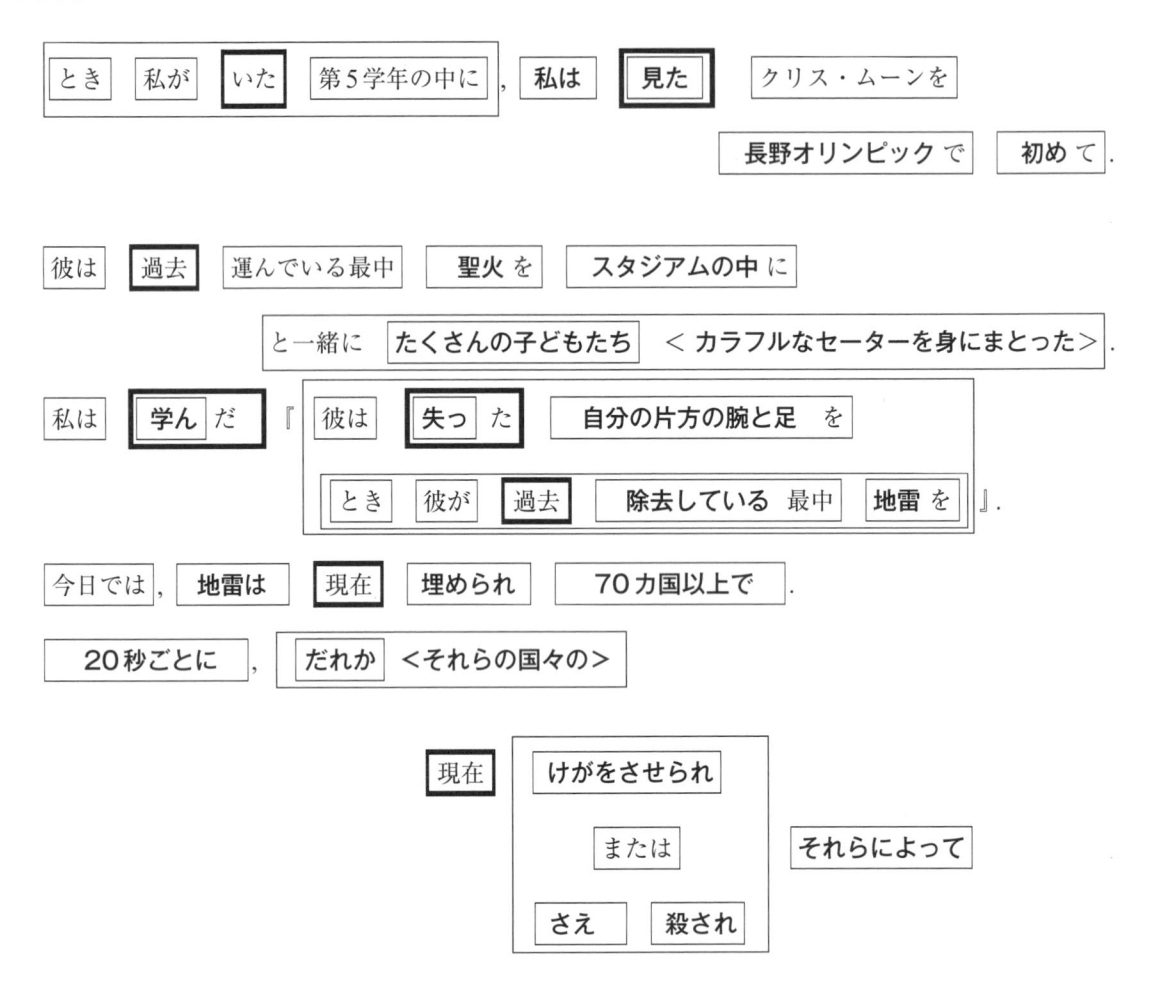

| とき | 私が | いた | 第5学年の中に | , | 私は | 見た | クリス・ムーンを |

　　　　　　　　　　　　　　　　　　　　長野オリンピックで　　初めて．

| 彼は | 過去 | 運んでいる最中 | 聖火 を | スタジアムの中 に |

　　　　と一緒に　たくさんの子どもたち　＜カラフルなセーターを身にまとった＞．

| 私は | 学ん だ | 『 | 彼は | 失っ た | 自分の片方の腕と足 を |

　　　　　　　とき　彼が　過去　除去している　最中　地雷 を 』．

| 今日では | , | 地雷は | 現在 | 埋められ | 70カ国以上で |．

| 20秒ごとに | , | だれか | ＜それらの国々の＞ |

　　　　　現在　けがをさせられ

　　　　　　　　または　　　　　それらによって

　　　　　　　さえ　殺され

1.10. その他の活動

1.10.1　漢字を入れよう（漢文和訳）

　中国語の語順は英語の語順にやや似ている。英文和訳を表意文字である漢字を使ってやってみてはどうかと考えて作り出した活動。完全な中国語の表記にすると生徒も分からないので，極力生徒が知っている漢字で表す。とはいえ，but（しかし）やthen（それから），to（□へ）などはふつう漢字では表さないので，中国語の先生に教わったものを以下のように部分的に使っている。また，「下線を引いたら過去形」のように，いくつかのルールも決めている。

太字部分は田尻式漢文和訳・音読で使う漢字。文中では太字にしてある部分。

但是 → でも，しかし	打算 → するつもりだ	因此 → それで，だから
其次 → それから	如果 → もし	做 → する，なす
能 → できる	為 → ために	可 → べき，べし
並 → …と (and)	及 → …も (, too)	必須 → しなければならない
= → be動詞	肯 → はい	否 → いいえ
不 → ではない	你 → あなた	會 → だろう

＊文中の下線部は過去を表す
＊（　）は代名詞を表し，（　）内の語句はその代名詞の元となる名詞［句・節］
＊＜　＞は直前の名詞を詳しく説明している部分，修飾語句

〔例〕

以下の英文を全て漢字で表してみましょう。

Mr. Kato: Have you been interested in this problem for a long time?
　　Aki: Yes, I have.　Actually my grandfather is a member of a group to protect nature in Kushiro.
　　Minh: Has he done a lot of work in the group?
　　Aki: Yes.　He has dedicated his life to saving the wetlands.
　Kenta: By the way, I hear many plants and animals are dying out throughout the world.
　　Aki: That's right.　We're losing about 100 species every year.
　　Minh: We should do something before it's too late.

ONE WORLD English Course 3 平成18年版 pp. 22-23（教育出版）

解説

解答例は以下のとおり。なお，全ての英文を漢字に直すのは至難の業なので，数カ所空欄を作っておき穴埋めをさせるとよい。

加藤先生：　**你**有興味此問題長期渡？
　　明子：　**肯**。実際我祖父会員＜団体〔保守自然［釧路］］＞。
　　　民：　継続（君祖父）**做**多仕事於当団体？
　　明子：　**肯**。（我祖父）継続捧人生対保護湿原。
　　健太：　逸本題，僕聞多植物**並**動物現在絶滅進行中世界限無。
　　明子：　正。我々現在失進行中約百種毎年。
　　　民：　我々**可做**或事前遅過。

1.10.2 あなたも指揮者：どの語を強く読めばいい？

　これはどのページでもできる活動。英語では大切な語を，強く，高く，ゆっくりと読み，そうでない語は，弱く，低く，素早く読む傾向がある。例えば，Now I am going to talk about my family. という文では，now と talk と family が聞こえれば文の大意はつかめる。

　強く読む語は内容語であることが多いが，文脈によっては機能語を強く読むことがある。それを見抜くためには，精読が必要であり，英文を読解しなければならない。したがって，機能語を強く読んだり，逆に内容語を弱く読んだりする部分が含まれている英文は，地味ではあるがこの「どの語を強く読めばいい？」という活動がおすすめ。

　「あなたも指揮者」は，強く読む語は手を上げて，弱く読む語は手を下げて，指揮者のように手を動かしながら本文を音読する活動。特に大切な語はもっと高く手を上げて3段階の高さにすると，さらに考えないといけなくなる。

　なお，「1.5.2　あなたもジャパネットたかた」(p. 26) をする際は，その前の活動としてこの「どの語を強く読めばいい？」をやり，さらに強弱やイントネーション，区切りなどを確認して音読練習をしておかなければならない。

〔例〕

次のコマーシャルを読むとき，どの部分を強く読みますか。丸で囲もう。

　①This is Worldbook, the latest notebook computer from Worldtech. ②It's small! It's light! It's fast! ③You can carry it anywhere and use it anytime. ④And with the new "Longlife Battery," you can use your Worldbook for up to 24 hours! ⑤And look at these fashionable colors! ⑥You can choose from snow white, sky blue, cherry red, or emerald green. ⑦People who need a computer need a Worldbook! ⑧Get yours today!

ONE WORLD English Course 3 平成24年版 pp. 68-69（教育出版）

【解説】

強く読む語をリストアップすると，次のようになる。

① Worldbook / latest notebook computer / Worldtech

② small / light / fast

③ carry / anywhere / use / anytime

④ new Longlife Battery / Worldbook / up / 24 hours

⑤ look / fashionable colors

⑥ choose / snow white / sky blue / cherry red / emerald green

⑦ People / need / computer / Worldbook

⑧ Get / yours / today

1.10.3　並べかえ問題にチャレンジ

並べかえの単位には，段落と文がある。いずれにしても，接続詞や代名詞などがキーワードになるので，それらが確認できるものに限って行う。生徒に言わせると，やっていて決して楽しいものではなく，知的に楽しい要素が含まれていると耐えられるとのこと。

1.10.4　CDに隠された情報を探せ

間投詞（感動詞）や感情を表す定型表現は，読み方によって意味が変わってくる場合がある。"Oh! That's great." や "Come on." などが代表である。これらがどのように読まれるかを推測したのちに音声CDで答え合わせをする。さらにconnotationやimplicationを考えて英語で書きかえると，「発展」の活動となる（「4.1.1　言いかえ・書きかえ」〔p. 108〕）。

また，効果音が付加情報を伝えていることがあるので，よく注意してCDを聞くと面白い。CDは教科書本文が文部科学省の審査に合格したあと，限られた時間で制作される上，ネイティブがよく理解しないまま吹き込んだりすることがあるので，よほど教科書会社の担当者がしっかりしていないかぎり，読み方に間違いが出てくる。また，編集作業は外注するはずなので，CD制作担当者が知らない間に変な効果音をつけられていることがある。ここを見逃す手はない！

例えば，ショッピングの単元で店員がおつりを返す際に，本来は紙幣で返すところをコインの効果音が入っており，話が展開されている国の設定が変わったこともある。また，あり得ないイントネーションやスピードで吹き込まれていることもあり，ストーリーの設定を変えて読解してみたらとても豊かな授業になったこともある。なお，中学生の声をおじさんやおばさんが吹き込むというのは，不自然きわまりないので，教科書会社で何とかしていただきたい。

1.10.5　先生が読み方を間違ったのはどれ？

文のイントネーションを意図的に変えて読み，どのように意味が変わるのかその違いを考えさせたり，単語のアクセントを間違った場所において読んで気づかせたりする活動。

Do you drink *shochu* or *awamori*? の *shochu* は上昇調で，*awamori* は下降調で読むと，「焼酎を飲むの？　それとも泡盛？」というふうにどちらか一方を選べというニュアンスがある。一方，*shochu*(↗) or *awamori* (↗) と両方を上げて読むと，「焼酎か泡盛を飲む？」となり，「きついお酒を飲む？」という言外の意味をもち，選択の意味は弱くなる。また，to one's heart's content の content は e にアクセントがくるが，わざと o にアクセントをおいて読んで気づくかどうかを確かめてみるのも面白い。

さらに，本来上昇調で読む部分が下降調になるものや，逆に下降調で読む部分が上昇調になるものがあるときも，この活動が有効である。例えば，How much is it? などの疑問詞疑問文は通常下降調で読むが，Did you say, "How much is it?" は Yes / No 疑問文なので文末を上昇調で読む。この Did you say は省略されることがあり，その場合は How much is it? の文末を上昇調で読み，「いくらかって？」という意味の文であることを示す。

このようなトリッキーな表現が含まれている教科書本文を教師が範読する場合，わざと間違って読み，どこが間違っていたかを当てさせると読解の活動になる。

また，単語の発音の間違いに気づかせる活動をするためには，教師が他の部分を完璧に発音できなければならない。例えば，park [パ丸ク] を perk [プ丸ク] のように読んだり，idea [アイディ～ぁ] の語尾に不要なr音を入れて idear [アイディ～丸] のように発音したり，because [ビコォ～ズ] の au [オ―] をあごを下げたままで発音せず，途中であごで上げて [オウ] と発音したりするのは間違いであるということをぜひ生徒に教えたいが，これらの間違いを知らずにご自身がやってしまっている先生が少なくない。（[ ] 内は「田尻式発音記号」。詳細は p.58 を参照。）

1.10.6 Read and Look Up

Read and Look Up は音読であり，「暗記」の活動としてよく使われるが，実は「理解」の段階でも使うことができる。

教科書本文に長くて複雑な構造をもつ文がある場合は，Read and Look Up をさせると，脳内でそれらをまずセンスグループに分け，意味と文構造を確認しながら暗唱するという作業が自然に始まる。「この文は長くて複雑な構造なので，詳しく説明しないといけない」と思うと，説明は長くなるし，生徒はよく理解できないまま説明を聞き，とりあえず教師が黒板に書いたことを写しておこうという心理が働き，それが英語の勉強だと思い始める。文構造は説明するものではなく，練習する中で気づかせるものである。

例えば，「1.7.1 合いの手を入れよう」(p.36) で紹介した文章中にある，He took these pictures of the same elm tree in Toyokoro-cho near Obihiro day after day. を Read and Look Up してみると，そのことが体験できると思う。

また，次の文を Read and Look Up して暗記してみてほしい。この文の意味と構造を考え始めると思う。このとき，脳内で描いたイメージを図などに表してみるのも面白い。

He cannot be really happy if he is compelled by society to do what he does not enjoy doing or if what he enjoys doing is ignored by society as if of no value or importance.

東京工業大（二次）74年，名城大（商）86年，東京都立大（文系）87年，名古屋大（文以外）90年，慶応義塾大（総合政策）93年，早稲田大（一文）97年

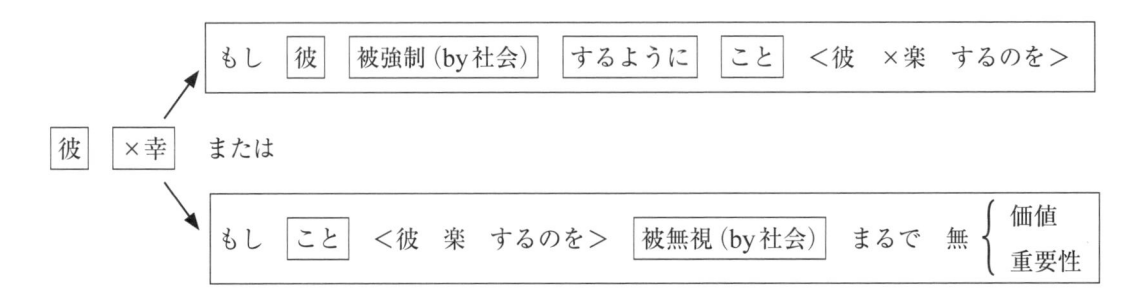

1.11. 安易にやらないほうがいい活動

1.11.1 ご当地和訳

例えば，会話文を大阪弁で訳してみようなどという「ご当地和訳」は，どのページでもできる。このような活動は普段はやらないようにしておき，よほどやる活動が思いつかず困ったとき用にとっておく。

1.11.2 あなたも翻訳家

和訳には，"1文全体和訳" と "センスグループ和訳" がある。数語で構成されているセンスグループはまだ分かりやすいが，中2で複文が登場し，中3で後置修飾が出始めると，1文が長く複雑な構造になるので，1文全体和訳はとても難しくなってくる。

なのに，中2・中3で，予習として教科書本文を1文ずつきれいな日本語に訳してこいというとんでもない宿題を出す先生がいる。まだ語句や文の意味も文構造もちゃんと理解していない段階で，1文全体をきれいな日本語にできるはずがない。ノートの左側のページに教科書本文を写し，その下や右のページに1文全体和訳を書くことは，ある程度学習が進んだ段階で，あるいはその本文の学習のまとめとして行うのならまだ分かるが，予習段階ではほとんど効果がない。

一方，「理解」の段階でセンスグループごとにしっかりと意味をとり，「暗記」の段階でたくさん音読をして英文の意味や構造が体に入ったあとで，「この英文が表す情景・心情を日本語で表すとどうなるかな」と問いかけると，とても美しい和訳が出てくる。つまり，和訳は学習の最終段階で行う芸術的活動なのである。

単なる言葉の対比

英語 ⟷ 日本語

言葉を読んだり聞いたりして感じた気持ちを他言語化

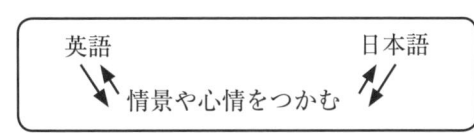

英語　　　　日本語
　↕情景や心情をつかむ↕

> 和訳は芸術であり，それを楽しむには英文を完全に理解していなければなりません。

第1章　教科書本文を使った活動

〔例〕

「1.5.3　あなたもニュースキャスター」(p. 27) で学習した英文を，海外ニュースを同時通訳をするつもりでニュースらしく日本語訳しよう。

ONNテレビで，今日のニュースが放送されています。竜巻についてのリポートです。

Anchor:　① In our next story, a tornado has hit Springfield, Texas.　② This is a photo a viewer sent to our studio.　③ Now let's go to our reporter Mike Jones in Springfield.　④ Mike, what's happening?

Reporter:　⑤ Good afternoon, Wendy.　⑥ As you can see, this is the path the tornado took.　⑦ Many of the houses here were damaged.

Anchor:　⑧ Was anybody injured?

Reporter:　⑨ Forty people were taken to the hospital.

Anchor:　⑩ Thanks, Mike.

　　　　　　⑪ (To the viewers) When we come back, we'll have more on the tornado.

ONE WORLD English Course 3 平成24年版 pp. 66-67（教育出版）

解説

以下が和訳（意訳）例。

キャスター：①次のニュースです。竜巻がテキサス州スプリングフィールドを襲いました。②これは視聴者の方が我々のスタジオに送ってくださった写真です。③では現地レポーターに報告してもらいましょう。スプリングフィールドのマイク・ジョーンズ記者です。④マイク，そちらの状況はいかがですか。

レポーター：⑤こんにちは，ウェンディ。⑥ごらんの通り，これが竜巻が通った道です。⑦竜巻の通り道にあった家の多くが被害に遭いました。

キャスター：⑧負傷者はあったんでしょうか。

レポーター：⑨40名の方々が病院に搬送されました。

キャスター：⑩マイク，ありがとうございました。⑪（聴衆の方を向き）では，さらに詳しい竜巻に関するニュースはコマーシャルのあとで。

①の英文をセンスグループ和訳すると，「私たちの次のニュースでは／竜巻が／襲ったところです／スプリングフィールドを，テキサスの」となり，日本語としては不自然だが意味は分かる。また，ニュースの英語では，「生々しさ」や「この事件は続報が予想され，まだ終わっていない，古いニュース（変な表現だが……）ではない」ということを伝えるため，"Ten people have been reported to be killed in the accident." というように，動詞は現在完了形がよく使われる。①の文の has hit がまさにそれ。日本語にはそういう表現はないので，過去形で表すというテクニックが必要となる。そう考えると，やはり1文全体和訳は高度な活動であり，予習段階で課すものではないことが分かる。

1.11.3 あなたも星飛雄馬／勝手に英会話Ａ／勝手に英会話Ｂ：ほとんど和訳編

「1.2.4　あなたも星飛雄馬」(p. 10)，「1.7.2　勝手に英会話Ａ」(p. 37)，「1.7.3　勝手に英会話Ｂ」(p. 38) などを行う際は，クリエイティビティを高めることも目的としているので，下に示すような"ほとんど和訳"といえるような合いの手にならないよう奨励したい。ただし，そこまで要求するのは酷だと思われる生徒に対しては，和訳タイプで許すこともあり得る。

「勝手に英会話Ｂ」で示した英文を使った「ほとんど和訳といえるような勝手に英会話Ｂ」の例を挙げる。

〔例〕

Aya: I went to Australia for two weeks.
　B: アヤは２週間オーストラリアに行ってたのか。

Aya: I did a homestay outside Sydney with the Rose family.
　B: アヤはシドニー郊外でローズさんのところにホームステイしてたのか。

Aya: They took me to Uluru.
　B: 彼らはアヤをウルルに連れて行ったんだ。

Aya: This is a picture of it.
　B: それがウルルの写真か。

Aya: The first road to Uluru was built in 1948,
　B: ウルルへの最初の道路は1948年に作られたんだ。

Aya: and now over 400,000 people visit it every year.
　B: そして今は毎年40万人の人がウルルを訪れるのか。

Aya: I wanted to climb it,
　B: アヤはウルルに登りたいんだね。

Aya: but Mrs. Rose said we shouldn't.
　B: でもローズさんの奥さんは登るべきじゃないと言ったのか。

Aya: She said, "It's not prohibited,
　B: 彼女はウルルに登ることは禁止されてはいないと言ったんだ。

Aya: but it's a sacred place for Aborigines."
　B: でもそれはアボリジニの人々にとって神聖な場所なんだね。

ONE WORLD English Course 2 平成24年版 pp. 110-111（教育出版）

2 理解 ▶ 暗記 ▶ 応用・発展

2.1. どのページでもできる活動

2.1.1 音節指さし音読

　音読と名前はついているが,「理解」に近い活動。我々は, 黒板やホワイトボード, モニターやスクリーンに提示された情報を書き取る際, まず心の中で文字を音声化して文字の残像とともに持ち帰り, その音声をノート上に文字化するという工程を経る。しかし, 中1の1学期はまだ英語の文字を音声化できないので, まるで象形文字や絵を写すように単語の形をノートに再現する。この時期に「文字指導（発音と文字の関係の学習）」をせずに単語テストをすると, 生徒は文字を読めないまま形だけ覚える習慣が身につき, その結果, 初めて見た単語を音声化できないという現象が続いてしまう。それを防止するのが「音節指さし音読」である。

　なお, 本書で言う「音節」とは, いわゆるsyllableのことだけではなく, 1つのアルファベットが表す音, また, 1つの母音・1つの子音それぞれの音, あるいは〈子音＋母音〉の音の区切りを含むものである（p. 131参照）。

〔例〕
スラッシュで分けられたそれぞれの部分の発音に気をつけて, 区切りごとに文字を指しながら何度も音読しよう。

Th/i/s i/s m/y c/l/a/ss/r/oo/m.

Th/a/t is ou/r n/ew gy/m.

Thi/s is ou/r ho/m/e/roo/m t/ea/ch/er, Mr. Sa/to.

Tha/t is my c/la/ss/ma/t/e, Mei.

ONE WORLD English Course 1 平成24年版 p.24-25 (教育出版)

解説

「文字指導」には, 以下のような手順がある。

(1) 英語らしい発音
(2) 大文字の形
(3) 小文字の形
*(4) アルファベットの「名字」と「仕事」
*(5) ①番読み（基本読み）:〈短母音〉と〈子音＋短母音〉
*(6) ②番読み（名字読み）:〈長母音〉と〈子音＋長母音〉

*(7) ③〜⑤番読み：基本読みと名字読み以外の読み方（wやquの直後のaなど）

(8) その他のルール（連続する子音とその直前の母音，cの2種類の読み方など）

(9) 特殊編（ch, sh, ph, th, ti, ci, ai, ay, al, oa, ou, oa, oughなど）

*(4) (5) (6) (7)についてはこのページの下を参照。

入学直後から文字指導をしたと仮定すると，This, Thatが教科書本文に出てくるのは，上記文字指導の手順(4)〜(6)の時期である。この時期には，アルファベットはひらがなやカタカナのように，それぞれの文字が音を示していることを確認させる必要がある。したがって，This is my classroom. であれば，

Th [舌] i [イ] s [ス] i [イ] s [ズ] m [ム] y [アイ] c [ク] l [伸] a [ヲ] ss [ス] r [丸] oo [ウー] m [ム]

のように，1つひとつの音を担っている文字のセットごとに読ませる。その後，慣れてきたら，あるいは上記文字指導の手順の(5)に入った時点で，Thi [舌ィ] s [ス] is [イズ] my [マイ] c [ク] la [伸ヲ] ss [ス] roo [丸ゥー] m [ム] などと，〈子音＋母音〉は1つのかたまりとして覚えさせていく。

暗記は，"文字＋音＋意味"の3セットで行うので，まずは正しく読めるような手立てを講じた上で暗記させたい。

なお，classroomのように比較的長い単語は，音節ごとに縦書きしてやるとよい。以前，高校で授業を見た時に，the Mediterranean SeaのMediterraneanが読めない生徒がいた。そこで，

Medi
ter
ra
nean

という4つの部分に分けて縦書きし，1つずつ音声化したあとに一気に読ませてみたら，ちゃんと読むことができた。

> 発音は一度誤って身につけてしまうと，矯正するのは困難。正しく読めるような手立てを工夫しましょう。

---

*(4) アルファベットの「名字」と「仕事」

例えば，Dであれば，アルファベットの文字の読み方 [ディー] が「名字」，単語の中で実際に読まれる読み方 [ドゥ] が「仕事」といえる。

*(5)(6)(7) 母音の①〜⑤番読み

大／小	①番読み (基本読み)	②番読み (名字読み)	③番読み	④番読み	⑤番読み	いいかげん読み
A／a	[ヲ]	[エイ]	[オ]	[アー]		[あ]
E／e	[エ]	[イー]	[イ]			[あ]
I／i	[イ]	[アイ]	[イー]			[あ]
O／o	[オ]	[オウ]	[ア]	[ウー]	[ウ]	[あ]
U／u	[ア]	[ユー]	[ウ]	[ウー]	[イ]	[あ]

田尻式発音記号

母音

記号	IPA	説明
[ア]	〔æ〕	[エア] を早口で言ったときの音。
[イ]	〔i〕	口の中で,舌がかなり上のほうにあるときの音。
[イ]	〔ɪ〕	[イ] の口のまま,舌だけを下げて音を出す。
[オ]	〔ɔ〕	口を大きく開けて [オ] と言う。
[ウ]	〔u〕	あごを下げて [ウ] と言う。
[あ]	〔ə〕	口をあまり開かずにいいかげんに [ア] と言う。

子音

記号	IPA	説明
[舌]	〔θ〕	舌を1センチほど歯の間から出して,声を出さずに息を出す。
[舌]	〔ð〕	舌を1センチほど歯の間から出して,声を出す。
[皿]	〔f〕	「皿」という漢字は,上の歯が下唇に当たっている様子。声を出さずに息を出す。
[皿]	〔v〕	「皿」という漢字は,上の歯が下唇に当たっている様子。声を出して息を出す。
[トゥ]	〔t〕	声を出さずに [トゥ] と言う。
[丸]	〔r〕	舌を上に丸めて(または喉の奥に引いて)声を出す。
[丸]	〔əːr〕	舌を上に丸めて(または喉の奥に引いて)声を出すか,小さな口で [ア] と言う。
[丸]	〔ɔːr/o〕	舌を上に丸めて(または喉の奥に引いて)声を出すか,[オ] と言う。
[伸]	〔l〕	舌の先をまっすぐ伸ばして,上の歯の裏につけて声を出す。
[з]	〔w〕	唇を思い切りとがらせ [ウ] と言う。この記号はその唇の形を表す。
[ん]	〔ŋ〕	舌の先を下におろし,舌のまん中部分を上あごに当て,鼻から声を出す。この記号は,左の白抜きの部分が上下の歯を,右の黒い部分が舌の形を表す。
[ン]	〔n〕	舌の先を上の歯の裏につけ,唇を少し開けて鼻から声を出して [ン],または [ンヌ] と言う。この記号の白い三角形は,上の歯を表す。
[⊖]	〔m〕	唇を閉じて鼻から息を抜き,[ン] または [ンム] と言う。⊖は唇を閉じることを表す。

2　理解　▶　暗記　▶　応用・発展

2.1.2　語順表指さし音読

　「語順表」の構成要素（センスグループ）を指さしながら音読をしていくという活動で、「理解」と「暗記」を兼ねた活動である。語順パターンは 1-A ～ 1-D, 2-A ～ 2-F, 3-A・3-B, 4-A ～ 4-D まであり（次ページの語順表を参照）、教師は教科書本文のそれぞれの文がどの語順パターンにあたるかを生徒に伝えておく。

　「2.3.2　あなたもジャパネットたかた」(p. 75) や「2.4.1　ジェスチャー音読」(p. 77) など、1つの合いの手やジェスチャーで1文ずつ思い出して暗唱するという活動をする場合、その前にこの「語順指さし音読」のようなセンスグループごとの暗唱をやっておくこと。そうしないと、生徒は文の途中で後半が思い出せなくなり行き詰まってしまう。

> センスグループごとの暗唱活動には、
> 「2.1.5　センスグループ同時通訳」
> 「2.2.1　センスグループ合いの手音読」
> などもあります。

〔例〕

次の英文をセンスグループごとに分け、語順表の各構成要素を指さしながら音読してください。各文のあとにあるアルファベットおよび数字は、語順表に即した語順パターンを表しています。

例えば、Okinawa is a group of islands. という文の構造は、語順 2-A にあたるので、『だれ何が／は』を指して Okinawa,『イコール』を指して is,『だれ何』を指して a group of islands と声に出して読みます。なお、go ～ing は、enjoy ～ing とほぼ同じなので、1-A とみなします。

キング先生が、沖縄を紹介しているウェブサイトを読んでいます。

① Okinawa is a group of islands.　2-A
② There are beautiful, clean beaches all over Okinawa.　3-A
③ You can go scuba diving, too.　1-A
④ In Naha, there is an interesting market.　3-A
⑤ You can buy local foods there.　1-A
⑥ There are also historical places in Okinawa.　3-A
⑦ Shurijo Castle is famous.　2-A
⑧ You can learn more about Okinawa's past at the Himeyuri Peace Museum.　1-A または 1-B

ONE WORLD English Course 2 平成24年版 p.19（教育出版）

語順表

＊それぞれの語順表の網かけ区別は以下のとおり。
　■：主語 (S),　■：動詞 (V),　■：目的語 (O),　■：補語 (C)
＊網かけ部分の語順は固定。□の縦連続枠の順はよく入れ替わる。
＊この語順表の詳細についてはpp. 62-65参照。

1

付加（頻度, still, also, _ly など）

主語	動詞		目的語/補語	どのように/どこ/*その他	いつ	なぜ
だれ何が／は	どうする	A	だれ何を／に	どのように	いつ	なぜ
		B	→→スキップ→→			
		C	だれに ／ 何を	どこ		
		D	だれ何を ／ 何と, 何にどんなだどうする	*その他		

＊だれ何のために, 何目的で／求めて, だれ何について／のことを, 何語で, だれ何と一緒に, だれ何より／のうちで, どんな機会／行事／点で／に　など

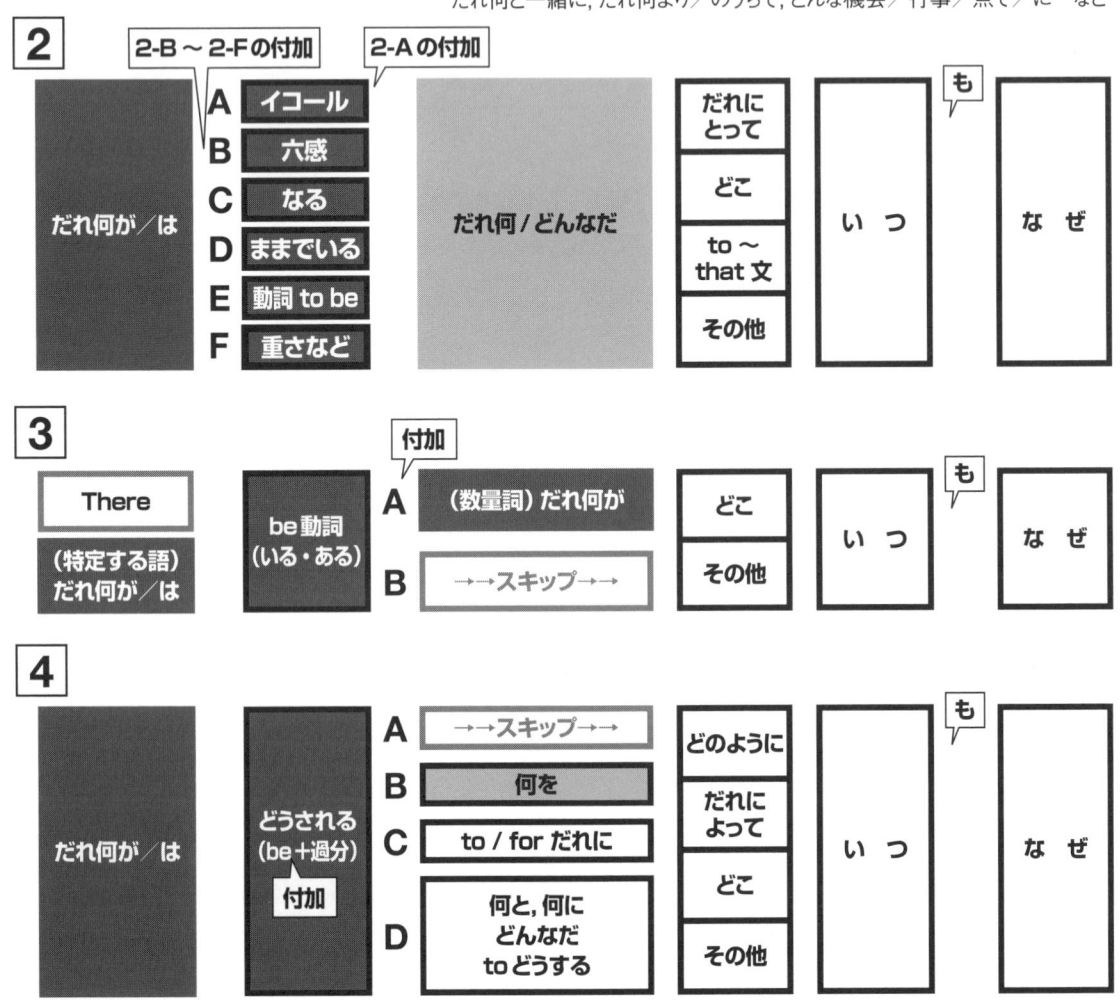

2

2-B〜2-Fの付加　　2-Aの付加

主語			補語		いつ	なぜ
だれ何が／は	A	イコール	だれ何／どんなだ	だれにとって	いつ	なぜ
	B	六感		どこ		
	C	なる		to〜 that文		
	D	ままでいる		その他		
	E	動詞 to be				
	F	重さなど				

3

付加

	be動詞 (いる・ある)			どこ／その他	いつ	なぜ
There		A	（数量詞）だれ何が	どこ	いつ	なぜ
（特定する語）だれ何が／は		B	→→スキップ→→	その他		

4

主語	動詞			どのように/だれによって/どこ/その他	いつ	なぜ
だれ何が／は	どうされる (be＋過分) 付加	A	→→スキップ→→	どのように	いつ	なぜ
		B	何を	だれによって		
		C	to / for だれに	どこ		
		D	何と, 何にどんなだ to どうする	その他		

解説

①〜⑧の8つの文の構造を語順パターンごとにまとめると以下のとおり。

1-A

	③	⑤	⑧
だれ何が／は	You	You	You
どうする	can go	can buy	can learn
だれ何を／に	scuba diving	local foods	―
どのように	―	―	more
どこ	―	there	at the Himeyuri Peace Museum
その他	―	―	about Okinawa's past
いつ	―	―	―
も	too	―	―
なぜ	―	―	―

1-B

	⑧
だれ何が／は	You
どうする	can learn
（スキップ）	―
どのように	more
どこ	at the Himeyuri Peace Museum
その他	about Okinawa's past
いつ・なぜ	―

「語順表」の縦に連結している部分（**1**では『どのように』『どこ』『その他』）は順不定。例えば，**1-B**にあたる文では次のいずれも可。

I live <u>alone</u> **in Osaka**.
→『どこ』= in Osaka を強調

I live <u>in Osaka</u> **alone**.
→『どのように』= alone を強調

2-A

	①	⑦
だれ何が／は	Okinawa	Shurijo Castle
be動詞（イコール）	is	is
だれ何／どんなだ	a group of islands	famous
だれにとって	―	―
どこ	―	―
いつ	―	―
なぜ	―	―

3-A

	②	④	⑥
There	There	there	There
be動詞（いる・ある）	are	is	are
付加	―	―	also
（数量詞）だれ何が	beautiful, clean beaches	an interesting market	historical places
どこ	all over Okinawa	In Naha	in Okinawa
いつ	―	―	―
なぜ	―	―	―

語順表と文例

語順グループ1（A〜D）

〈一般動詞を使う文〉

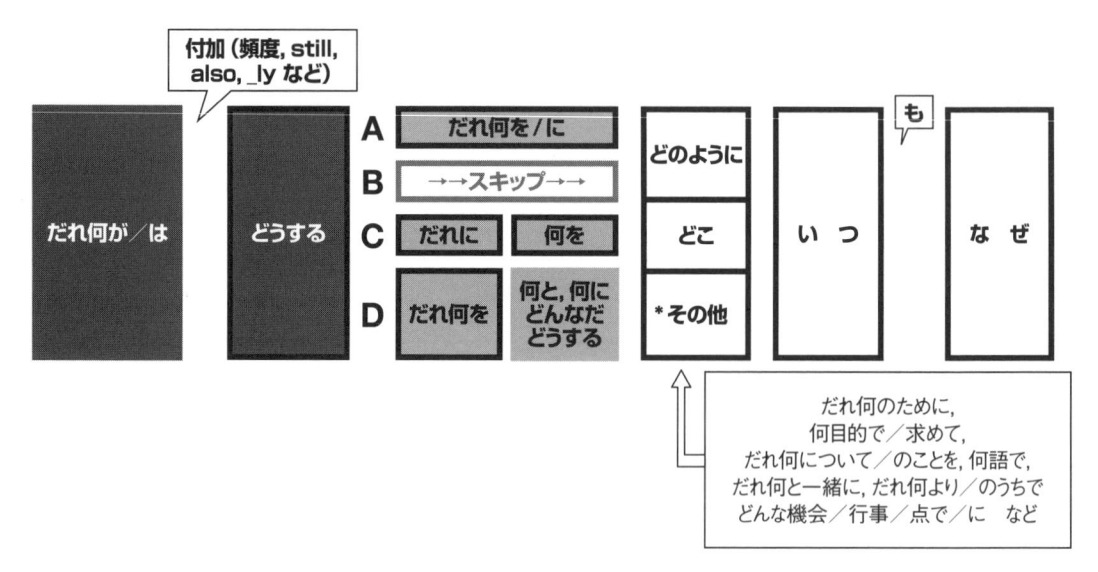

```
付加（頻度, still, also, _ly など）
```

だれ何が／は	どうする	A	だれ何を／に		どのように	どこ	いつ	も なぜ
		B	→→スキップ→→					
		C	だれに	何を				
		D	だれ何を	何と, 何に どんなだ どうする	*その他			

↑ だれ何のために, 何目的で／求めて, だれ何について／のことを, 何語で, だれ何と一緒に, だれ何より／のうちで どんな機会／行事／点で／に　など

1-A：動詞（『どうする』）の直後に『だれ何を／に』がくる。使う動詞は，「気に入る (like)」,「持つ (have)」,「見る (watch)」など，直後に『だれ何を／に』を必要とするもの。
〔例〕The boy broke the window yesterday.

1-B：動詞（『どうする』）の直後が『スキップ』となり，『だれ何を／に』をもってこないもの。使う動詞は「住む (live)」,「泳ぐ (swim)」,「行く (go)」などの自動詞。
〔例〕I swim in the river every summer.

1-C：動詞（『どうする』）の直後に『だれに』と『何を』の2つがくる。使う動詞は「与える／あげる (give)」「見せる (show)」「送る (send)」など。
〔例〕John sent Mary some flowers for her birthday.
　　　My brother bought me a T-shirt.

1-D：動詞（『どうする』）の直後に『だれ何を』と『何と』／『何に』／『どんなだ』／『どうする』のいずれかがくるもの。中2〜中3，あるいは高校で学習する。
◇ 直後に『だれ何を』＋『何と』がくる動詞の代表には，「呼ぶ (call)」「名付ける (name)」などがある。
〔例〕Everyone calls her Aki.

◇ 直後に『だれ何を』+『何に』がくる動詞は「選出する，任命する (make)」が代表。
　〔例〕They made him captain.

◇ 直後に『だれ何を』+『どんなだ』がくる動詞は「○の状態にする (make)」，「○のままにしておく (keep, leave)」，「○された状態にする (have, get)」など。
　〔例〕The news made me happy.
　　　 She kept the door open.
　　　 I got my hair cut.

◇ 直後に『だれ何を』+『どうする』がくる動詞は「～させる (make)」,「～させる (have)」,「～させる (let)」などが代表。
　〔例〕She made me study.

語順グループ 2 (A～F)

〈「イコール」を表すbe動詞，「五感動詞」「になる」「ままでいる」「のように思える」などを使う文〉

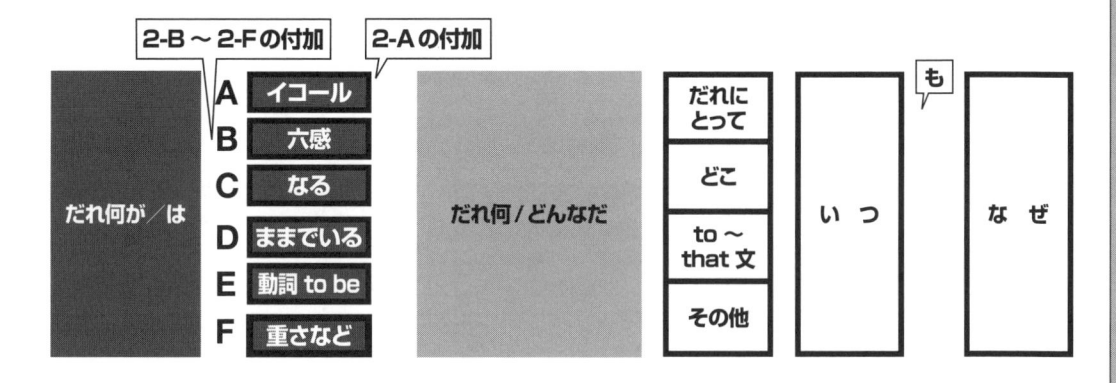

	A イコール		だれにとって		
	B 六感		どこ		
だれ何が／は	C なる	だれ何／どんなだ	to～ / that文	いつ	なぜ
	D ままでいる		その他		
	E 動詞 to be				
	F 重さなど				

2-B～2-Fの付加 → A～F欄　　2-Aの付加 → だれ何/どんなだ欄　　「も」→ なぜ欄

2-A：「イコール」を表すbe動詞を使う。「現在イコールだ (am, are, is)」「過去イコールだった (was, were)」「将来イコールだろう (will be)」「過去から現在にかけてずっとイコール (have been, has been)」「現在一時的にイコールである (am being, are being, is being)」など。

◇ 直後にくるのは，『だれ何』が名詞で，『どんなだ』が形容詞。また，"like □" (□のような) も『どんなだ』の場所で使う。
　〔例〕It's a fruit. It's delicious.

2-B：使う動詞は，「に見える (look)」「に聞こえる (sound)」「な味がする (taste)」「なにおいがする (smell)」「な手触りがする (feel)」の五感動詞にseemなどの"第六感動詞"。直後には，形容詞か"like □" (□のような) がくる。(中2以降に学習)
　〔例〕It sounds good.
　　　 It seems like a difficult job.

|2-C|：使う動詞は，become, get, go, come, turn, grow など。いずれも「～になる」という変化を表す。become の直後は名詞か形容詞，get／go／come／grow の直後は形容詞，turn の直後は形容詞か "into 名詞" がくる。（中2以降に学習）

〔例〕It's getting cold these days.

|2-D|：使う動詞は，keep, stay, remain など。（中2以降に学習）

〔例〕He kept quiet.

|2-E|：『動詞 to be』の場所で使う動詞句は，seem to be, appear to be など。（高校で学習）

〔例〕She seems to be in a bad mood today.

|2-F|：使う動詞は，weigh など。（高校で学習）

〔例〕He weighs 60 kilograms.

語順グループ 3（A・B）

〈「いる／ある／入っている／置いてある／行っている／来ている」など"存在"を表す文〉

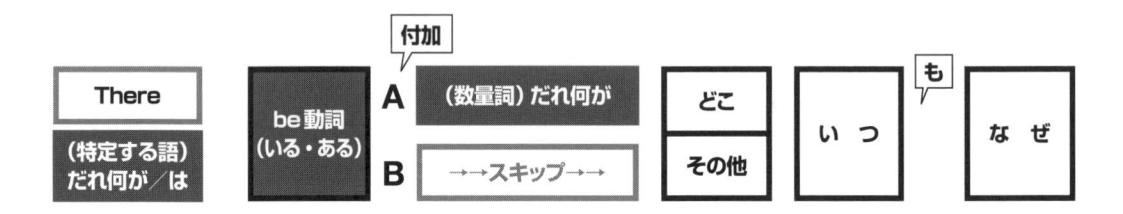

|3-A|：主語のあとに「が」がついていることが多い。また，主語の前に，「ゼロの (no)」「1つの (a／one)」「いくつかの (some)」「いくらかの (some)」「多数の (many／a lot of)」「多量の (a lot of)」といった数量を表す言葉がよくつく。〈there + be 動詞〉は，「いる」「ある」「入っている」「置いてある」「行っている」「来ている」という存在（動作ではない）を表し，主語が初めて話題に登場するときに使う表現。

〔例〕There is a book on the desk.

|3-B|：主語のあとに「は」がついていることが多い。主語が「その (the)」「この (this)」「その／あの (that)」「これらの (these)」「それらの／あれらの (those)」「☆さんの (☆'s や my, your, his, her, its, our, their など)」で特定されている。また，人称代名詞 (I, you, he, she, it, we, they) や固有名詞（人名，地名など）で，人やものを特定することばであるときに使う。

〔例〕The book is on the desk.

語順グループ 4（A～D）

〈「される／られる」などの"受け身"の文〉

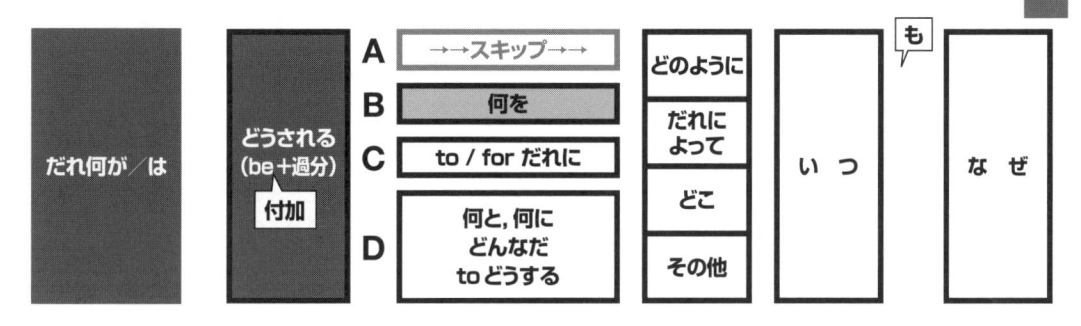

|だれ何が／は|どうされる
(be＋過分)
付加|A →→スキップ→→
B 何を
C to / for だれに
D 何と, 何に
どんなだ
to どうする|どのように
だれに
よって
どこ
その他|いつ も|なぜ|

4-A：**1-A** の受け身形。

4-B：**1-C** の受け身形で，2つの目的語『だれに (O₁)』『何を (O₂)』のうち，『だれに (O₁)』が主語になった形。

〔例〕Mary was sent some flowers by John for her birthday.
　　　I was bought a T-shirt by my brother.

4-C：**1-C** の受け身形。ただし，〈SVO₁O₂〉は，そのままでは『何を (O₂)』を主語にして受け身の文を作れないので，〈SVO₂ to O₁〉か〈SVO₂ for O₁〉にしてから，『何を (O₂)』を主語にして受け身にする。

〔例〕Some flowers were sent to Mary by John for her birthday.
　　　A T-shirt was bought for me by my brother.

4-D：**1-D** の受け身形。

〔例〕She is called Aki by everyone.
　　　He was made captain by them.
　　　I was made happy by the news.
　　　The door was kept open by her.
　　　I was made to study by her.

2.1.3　Read and Look Up

　1文ずつ覚えて上を向き，暗唱してみるというRead and Look Upも，どのページでもできる活動。だからこそ毎回やってうんざりさせないようにしたい。Read and Look Upは長くて複雑な構造をもつ文があるページで有効（「1.10.6　Read and Look Up」〔p. 52〕）。

　人は，「この文を覚えてください」と言われると音読をし始める。国語の授業で『枕草子』の冒頭部分や『平家物語』の祇園精舎のくだりを覚えさせられた時も，繰り返し音読をしたはず。音読はそれぐらい暗記には欠かせない活動だが，文の意味や構造を考えずに音読しても学力は上がらない。短い文をRead and Look Upさせると，得てしてそうなってしまうことがあるので要注意。長い文をRead and Look Upさせると，文の意味と構造を自然に考え始める。

2.1.4　Shadowing（シャドーイング）

　CDや教師の範読を聞いて即座に真似をするのをShadowing（影のように追いかける）と言う。

Jimmy was good at breaking safes open.

という感じで，1秒以内に「輪唱」するように復唱する。その際，テキストは見ず，音のみに集中させる。ちなみに，英文を見ながら同時に音読するのはOverlappingという。

　シャドーイングは母音で始まる語が多いページに向いている。母音で始まる語は前の語の語尾の子音と連結するので，それを練習しておく必要がある。高校入試の英語リスニングでは，"音の連結"（次ページの①〜④のルール）が出る。大学入試センター試験では，それに加えて"音の崩れと消滅"（次ページの⑤〜⑩のルール）も入ってくる。①〜④はproductionできないといけないが，⑤〜⑩はrecognitionでとどめておいてよい。⑤〜⑩はネイティブ並みの発音ができていないとむしろ不自然な感じがするので，会話の際は真似をしないほうがよい。

　一方，リスニングで点が取れるようになるためには，ネイティブ発音を真似ることによってその音を耳にたたき込んでおかなければならない。我流の間違った発音で音読をすると，何度も間違った音を耳に入れることになり，リスニングテストでネイティブの発音を聞いても分からない。リスニングテストのスクリプトを見て，「ああ，こう言っていたのか！」と思う人は，ネイティブの人と違う発音で音読している人の特徴である。

> "音の連結"や"音の崩れ"はどのようにして起こるのか。そのルールに気づくと楽しくなりますよ。

"音の連結"と"音の崩れ"・⑩のルール

- ☑ 会話をする際は①〜④は絶対にやるが，⑤〜⑩はやらなくてよい。
- ☑ リスニング力を上げるには，音読練習で①〜⑩をやり，ネイティブの発音を真似る。

常に行うよう心がけるべき発音

① 連結ルール (people are good at English)

英語では，単語の最後の子音は弱く読まれるが，口は発音する構えを作るので，母音で始まる語が続くときは，前の単語の語尾とあとの単語の語頭が自然につながる。

〔例〕These people are good at English.
　　　[ディーズ ピープ伸ァ丸 グゥだ ティング伸ィシュ]

② ちっちゃな「ッ」ルール (eat dinner)

単語の最後が[トゥ]，[ク]，[ドゥ]，[グ]，[ブ]など，破裂する音で終わり，続く単語の最初の音も破裂する音で始まるとき，前にある単語の最後の音を発音する口の構えは完全にできているが，ほとんど発音しないので，「ッ」が入っているように聞こえる。

〔例〕read books [丸イ〜ッ ブゥクス]
　　　eat dinner [イ〜ッ ディン丸]

③〈r＋母音〉ルール (hear + ing)

〔r[丸]〕の音で終わる語の後ろに母音で始まる語がくると，音がつながることが多い。イギリス人やオーストラリア人，ニュージーランド人は〈母音＋r (ar, er, ir, or, ur, our など)〉は舌を巻かないで発音するが，それらで終わる語の直後に母音で始まる語がくると，突如 r の音が復活する。したがって，hear (日本語的に表記すると[ヒア])に ing をつけると，[ヒアイング]ではなく[ヒアリング]となる。

〔例〕hear [ヒ丸] + ing [イん] = hearing [ヒ丸丸イん]
　　　wonder [ヲアンドゥ丸] + ing [イん] = wondering [ヲアンドゥ丸丸イん]
　　　wear [ヲエ丸] + ing [イん] = wearing [ヲエ丸丸イん]
　　　consider [こンスイドゥ丸] + ing [イん] = considering [こンスイドゥ丸丸イん]

④〈n＋母音〉ルール（can you, in it）

　[n[ン]]の音は舌先を上の歯の付け根付近に当てて発音するので，この音で終わる語の後ろに母音で始まる語がくる場合は，必ずつながる。したがって，英語ネイティブの人は，「健一」「純一」「真一」が言えず，「けにち」「じゅにち」「しにち」となってしまう。それぐらい，この「〈n＋母音〉ルール」は強烈なルール。英語の教員であるならば，必ずマスターして生徒にも真似をさせなければならない。それをしていなければ，高校入試や大学入試，あるいは資格試験のリスニングで点が取れない。

　〔例〕can you [キャンニュー]
　　　　in it [イニィトゥ]

真似はしなくていいが，知っておくべき発音

⑤ タダラルール（lettuce）

　アクセントがこないタ行の音はいいかげんに発音されるので，なまってダ甲になり，もっとなまると日本語のラ行と全く同じ音になる。

　〔例〕lettuce [レェタス] → [レェダス] → [レェラス]
　　　　Yes, it is. [ユエスィティズ] → [ユエスィディズ] → [ユエスィリィズ]

　lettuceの発音を示した[た]も[だ]も[ら]も，それぞれ日本語の「た」「だ」「ら」と全く同じ発音。[ら]の音を，決してrやlの発音にしないこと。例えばget upは[ゲタプ]であり，音が崩れると[ゲダプ]や[ゲラプ]になるが，決して[ゲﾄｩｧプ]や[ゲﾙｧプ]にはならない。日本語が母語である人がタダラルールを適用するなら，「タ行の音がダ行になまる」と考え，無理して「ラ行」にしないのがポイント。

⑥ t / d 消滅ルール：NTD ルール（twenty, hundred）

　nの直後にt[トゥ]やd[ドゥ]が続くときは，そのt[トゥ]やd[ドゥ]は読まないことがある。

　〔例〕twenty [トゥヱンティ] → [トゥヱニィ]
　　　　wanted [ヲンティドゥ] → [ヲニィドゥ]
　　　　want to [ヲントゥトゥ] → [ヲントゥ] → [ヲンゥ]
　　　　gentlemen [ヂェントゥルメン] → [ヂェンルメン]
　　　　hundred [ハンドゥレドゥ] → [ハンレドゥ]
　　　　sandwich [サテンドゥヰィチュ] → [サテンヰィチュ]

⑦ h消滅ルール（like him）

　h [h] で始まる語は，早口で言うとそのh [h] が発音されないことがある。

〔例〕I like him.（私は彼が好きだ）[アイ ラ イキィン]
　　　I like her.（私は彼女が好きだ）[アイ ラ イク丸]

⑧ "トゥルドゥル" ルール（little, middle）

　-tleや-dleで終わる語のtlとdlの部分を発音する際，舌先を上の歯の裏付近につけたまま舌の両横から息を出してtとlを一気に発音してしまうので，それらの部分が「トゥー」や「ドゥー」のように聞こえる。

〔例〕little [リィトゥル]（小さい，少ない）　→ [リィトゥー] や [リィル] と聞こえる。
　　　candle [キャンドゥル]（ろうそく）　→ [キャンドゥー] と聞こえる。
　　　middle [ミィドゥル]（中くらいの）　→ [ミィドゥー] と聞こえる。

⑨ "トゥンドゥン" ルール（written, garden）

　-tain, -tton, -ddenなど [トゥン], [ドゥン] で終わる語は，そこにアクセントがこない場合，taiやtto, ddeの部分を発音せず，その直前で息と声を0.5秒ぐらい止めて，「ッン」と発音する。

〔例〕mountain [マウンッン]（山）
　　　captain [キャプッン]（キャプテン，船長）
　　　curtain [ク丸ッン]（カーテン）
　　　certainly [ス丸ッンリィ]（確かに）
　　　button [バッン]（ボタン）
　　　cotton [コッン]（綿，コットン）

⑩ STルール（first step, must stop, next stage）

　-stや-xtで終わる語の直後にst-で始まる語がくる場合，そのstは発音されないことが多い。

〔例〕first step [ファ丸ステプ]
　　　last stage [ラステェイヂュ]
　　　must stop [マストォプ]
　　　next street [ネクストゥ丸イートゥ]

第1章　教科書本文を使った活動

2.1.5　センスグループ（ランダム）同時通訳

　これは，「1.9.2　センスグループ和訳」(p. 45) をした日本語を見て英文を復活するという暗唱であり，比較的簡単な活動。生徒を4〜6人のグループにして，ランダムにあてていって和文英訳させると時間短縮になる。答えられずに5秒間空白があったら出直し。生徒はいつあたるか分からないので，常に心の中で和文英訳し続けなければならず，集中力が続く。

〔例〕
次の日本語は，もとになる英文をセンスグループごとに分けたものです。これを見て英語に直しましょう。

ボブ：　何／イコールですか／この神社／有名／が理由で／？
アヤ：　この神社は／建てられました／忘れないでいるために／菅原道真を／。
　　　　彼はイコールでした／とても賢い人，／
　　　　そして／人々は／呼びます／彼を／「神様／学問の」／。
ボブ：　分かりました。／何イコールですか／その紙／あなたの手の中の，／アヤ／？
アヤ：　それはイコール／おみくじ。／それは／告げています／私の運勢を／。
ボブ：　何と／現在／それは／言っていますか／？
アヤ：　これは言っています／大吉だと／。それはイコール／最高の種類の幸運です／！
ボブ：　他に何と／現在／それは／言っていますか／？
アヤ：　私は合格するでしょう／入学試験に／！
ボブ：　いいことだ／あなたにとって／！

もとの英文は以下のとおり。

Bob:　What is this shrine famous for?
Aya:　This shrine was built to remember Sugawara Michizane.
　　　　He was a very wise man, and people call him "The God of Learning."
Bob:　I see. What's that paper in your hand, Aya?
Aya:　It's an *omikuji*. It tells my fortune.
Bob:　What does it say?
Aya:　It says *daikichi*. That's the best kind of luck!
Bob:　What else does it say?
Aya:　I'll pass the entrance exam!
Bob:　Good for you!

ONE WORLD English Course 3 平成24年版 pp.10-11（教育出版）

2.1.6 同時通訳（日→英）

　これは，1文全体和訳を見てもとの英文を復活するという暗唱なので，やや難しい。特に，意訳されている文は思い出しにくい。この活動をする際は，先に「2.1.5　センスグループ同時通訳」(p. 70) をしておき，それが終わった生徒がチャレンジする，よりレベルの高い活動と位置づける。「1.11.2　あなたも翻訳家」(p. 53) の和訳を見てもとの英文に戻す作業をしてみると，その難易度を体験できる。

2.2. ペアで行う暗唱

2.2.1 センスグループ合いの手音読

　ペアになり，一方が英文を暗唱し，途中で行き詰まったらもう一方が合いの手を入れる。「1.7.1　合いの手を入れよう」(p. 36) で作った合いの手を用いた暗記活動。

　以下の例にあるそれぞれの合いの手のうち，下線をつけたものは文の冒頭を引き出す合いの手なので，慣れてきたらそれだけで1文全ての暗唱に挑戦させる（「1.7.2　勝手に英会話A」〔p. 37〕）。チャレンジ精神あふれる生徒がそれもしなくていいという場合は，行き詰まるまで合いの手を入れないでやるとよい。

　なお，スピーチ活動をする際は，このようにペアやグループで練習をさせ，最終的には合いの手なしで暗唱できるようになるまで練習を繰り返していくとよい。

〔例〕

「将来の夢は？」　　　I want to be a photographer

「だれみたいな？」　　　like Urashima Koichi

「いつ？」　　　in the future.

「浦島甲一さんが好きなの？」　　　He is my favorite photographer.

「代表作は？」　　　He took these pictures

「何が写ってんの？」　　　of the same elm tree

「それってどこにあるの？」　　　in Toyokoro-cho

「豊頃町って？」　　　near Obihiro

「どれぐらいのペースで写真を撮ったの？」　　　day after day.

「その写真気に入ってんの？」　　　Aren't they beautiful?

「浦島さんの写真との出会いは？」　　　When I saw them for the first time,

「うん，その写真どうだった？」　　　they really changed me.

「そんなに感動したの？」　　　I was too moved

「何をするのに？」　　　to express my feelings.

「浦島さんの写真ってそんなにすごいの？」　　　I think we can learn

「何を学べるの？」　　　how to see nature

第1章　教科書本文を使った活動

「どういうふうに？」	in a different way
「どんな写真でも？」	from these pictures.

ONE WORLD English Course 3 平成18年版 pp. 52-53（教育出版）

2.2.2　勝手に英会話A／まちかど情報室／別室指示音読／音声ガイド音読

「1.4.4　別室からの指示」(p. 21) や「1.7.2　勝手に英会話A」(p. 37),「1.7.5　音声ガイド」(p. 41) は，いずれも各セリフを引き出す合いの手やヒントを入れる「理解」の活動。「暗記」の段階では，それをペアの一方が日本語で言い，もう一方がそれを手がかりに英文を暗唱する活動ができる。

「まちかど情報室」はNHK総合テレビ朝のニュースの時間帯に見られるコーナーで，担当のアナウンサーと司会のキャスターの掛け合いがある。生活に役立つアイデアグッズなどを紹介する際，司会のキャスターがいろいろ口を挟んでくる。この設定を利用して「勝手に英会話A」と同様の活動を行う。

〔例〕
ペアになり，Aさんは日本語の文を読み，Bさんはそれを手がかりに英文を暗唱してください。

A: それ，何ですか？
B: It's a *kimchi* refrigerator.
A: えー，キムチ専用冷蔵庫ですか。それって，韓国ではふつうに見られるんですか？
B: These days it's very popular among Koreans.
A: へえ。一家に一台って感じですか。
B: Many people have one.
A: それって，自分でつけ込んだものを入れておくんですか？
B: They buy *kimchi* in the supermarket and keep it there.

ONE WORLD English Course 3 平成18年版 p. 62（教育出版）

2.2.3　勝手に英会話B／性格設定突っ込み

この活動は，「1.7.3　勝手に英会話B」(p. 38) や「1.7.4　性格設定突っ込み」(p. 40) で作ったBさんのセリフを聞いてもとの英文を思い出して暗唱するというもの。Aさんが話してBさんが反応しているのに，Bさんのセリフを聞いてAさんのセリフを思い出して暗唱するという，やりとりが逆になる活動なので，少し難しい。まずペアになり，漫才のように2人で掛け合いをしながらストーリー展開を覚えていかなければならない。最終的には，日本語で書いてあるBさんのセリフだけを見て，Aさんのセリフを全て思い出し暗唱できたら合格という個人活動を行う。

〔例〕

A: I went to Australia for two weeks.
B: 冬休み中ずっと行ってたのか。
A: I did a homestay outside Sydney with the Rose family.
B: まあ，アヤは英語がうまいからなあ。
A: They took me to Uluru.
B: ウルルって何だ？　聞いたことないなあ。
A: This is a picture of it.
B: ああ，山か。でも木が生えてないね。巨大な岩って感じ。
A: The first road to Uluru was built in 1948,
B: そんなに昔じゃないんだ。
A: and now over 400,000 people visit it every year.
B: 1日あたり1,096人ってことか。
A: I wanted to climb it,
B: この岩に登れるのかな。つるつるじゃないの。
A: but Mrs. Rose said we shouldn't.
B: まあ，登山には危険が伴うからね。
A: She said, "It's not prohibited,
B: まあ，ふつう登山は禁止されないでしょ。
A: but it's a sacred place for Aborigines."
B: ああ，そうなんだ。だから登るべきじゃないのか。

ONE WORLD English Course 2 平成24年版 pp. 110-111（教育出版）

2.2.4　星飛雄馬音読

「1.2.4　あなたも星飛雄馬」(p. 10) で作った心のつぶやきをもとに，英文を暗唱する活動。まずペアになり，一方が日本語で書かれている心のつぶやき部分を読み，もう一方がそれを手がかりに英文を復活し暗唱する練習をたっぷり行う。最後は日本語で書かれた心のつぶやきを見て，決められた時間内に英文を暗唱できたら合格という個人活動を行う。

〔例〕
以下の①〜⑦の心のつぶやきを見て，本文を思い出して暗唱しましょう。

リサ：① あ，向こうを歩いている女性がイヌ連れてる。いいな。アキはペット飼ってるかな？
アキ：② なんてタイムリーな。うちのハムスター軍団大変なの。とりあえず返事しよ。

第 1 章　教科書本文を使った活動

　　　　③ リサにも聞いてみよ。
リサ：④ いや，うちマンションだからさ。
　　　　⑤ ところでアキちゃん，some って言ってたよな。もっと具体的に言ってよ。
アキ：⑥ ゆうべ大変だったんだから。もう，次から次へとポコポコ出てきて。
　　　　⑦ えさ代，大変！

〔解答〕

Lisa:　① Do you have any pets?
Aki:　② Yes, I have some hamsters.
　　　　③ How about you?
Lisa:　④ I don't have any pets.
　　　　⑤ How many hamsters do you have?
Aki:　⑥ Yesterday, two. Today, eleven!
　　　　⑦ Do you want some?

ONE WORLD English Course 1 平成18年版 pp. 34-35（教育出版）

2.2.5　（超詳細）ト書き音読／あなたも活弁士

　「理解」の段階で作った日本語のセリフを聞いて英文を暗唱するという点では「2.2.2　勝手に英会話A」（p. 72），「2.2.4　星飛雄馬音読」（p. 73）と同じだが，これは，1つの活弁士のセリフ（「1.4.3　あなたも活弁士」〔p.20〕）で複数の英文を思い出さないといけないので，かなり負荷がかかる。この活動の前にたっぷり音読し，その後「2.2.1　センスグループ合いの手音読」（p. 71）や「2.1.3　Read and Look Up」（p. 66）などの橋渡しの活動を行う必要がある。

〔例〕

弁士：給食が配膳され，ボブはみんなで合掌して「いただきます」を言う前に，目の前の食べ物を見ております。空腹だが得体の知れない食べ物を目の前にして，ボブはメイにこう尋ねるのでございます。

Bob:　I'm hungry. What is this?
Mei:　It's an egg roll. It's very good.
Bob:　Oh, is it?
　　　　　　︙

弁士：係の生徒が号令をかけ，みんなで「いただきます」と言ったあと，ボブは初めて口にする春巻きの感想を言うのでございます。

Bob:　Mmm.... Is this a Chinese dish?
Mei:　Yes, it is.

ONE WORLD English Course 1 平成24年版 pp. 28-29（教育出版）

2.3. ICTを活用した暗唱

2.3.1 BGM／BGV音読／BGVジェスチャー音読

　BGMは言わずと知れた"バック・グラウンド・ミュージック"。BGVは"バック・グラウンド・ビデオ"。例えば，ナイアガラの滝での会話文があるとすると，滝の音をBGMに音読すると臨場感が出る。音声付き映像があるともっと効果的なので，大画面テレビやモニターとスクリーン，電子黒板などを使うとよい。

　BGVが使えるということは，旅先や美術館，体育館などでの会話が考えられる。その場合，動作動詞や具体的な名詞が多くなるので，ジェスチャーを入れられる可能性が高い。それがBGVジェスチャー音読である。

　また，テレビ番組は授業のネタの宝庫。授業で使えそうなネタをやるときは録画しておくとよい。BS放送では世界の観光地の映像をたくさん放送しているので，番組チェックをしてみるとよい。

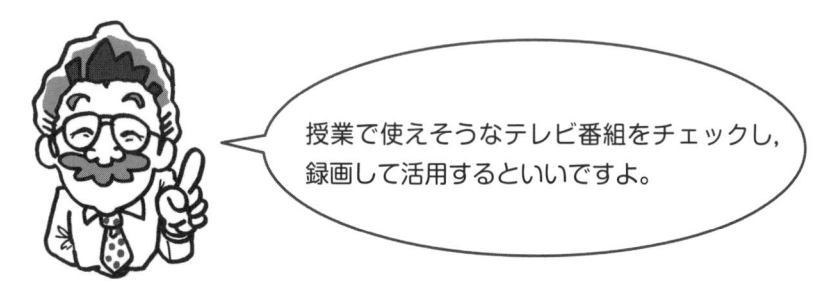

> 授業で使えそうなテレビ番組をチェックし，録画して活用するといいですよ。

2.3.2 あなたもジャパネットたかた／あなたもニュースキャスター

　「1.10.2　どの語を強く読めばいい？」(p. 50) を行ったあと，「1.5.2　あなたもジャパネットたかた」(p. 26) や「1.5.3　あなたもニュースキャスター」(p. 27) を実際に演じてみる。

　グループになり，友だちにイラストや写真を持ってもらい，それを指さしたりしながら本文を暗唱する。映像があれば，それに合わせて暗唱するという活動ができるので，教科書会社にはそういうデジタル教科書を作ってもらいたいものである。

　イラストや写真，映像などを使って1人で演じるのが最高難度。つなぎの活動として，「2.1.3　Read and Look Up」(p. 66)，「2.2.1　センスグループ合いの手音読」(p. 71) などをしておく。

2.3.3 大道具・小道具音読

　「1.4.5　大道具・小道具を書き出そう」(p. 22) で確認した小道具を，インターネットなどで探してその写真をダウンロードし，それをセリフの順に並べて英文を暗唱する。大道具は部屋のセットなどになるので，＜教室で＞＜ボブの家で＞などと文字で表せばよい。

　写真やイラストを探すのは手間がかかるので，以下に示すように，もし教科書本文を映画化するとしたらどんな小道具や大道具を使うかを（　）内に書き込み，それを見ながら暗唱してもよい。また，「理解」の段階でジェスチャーも書き込んでいるなら，そのジェスチャーとあわせて暗唱するとよい。

第1章　教科書本文を使った活動

〔例〕
次の各小道具とジェスチャーを手がかりに，本文を暗唱しましょう。

> ☐・Carry your own shopping bag.
> ☐・Use a bicycle, not a car.
> ☐・Turn off the lights when you're not using them.

←小道具のホワイトボード

Mr. Davis: （地球儀：地球儀を指さす）
　　　　　　（ホワイトボード：3つの案を指さす）
　　　　　　（ホワイトボード：1つずつ案を指さす）
Beth: （ホワイトボード：B案を指さす）
　　　　（スーパーのレジ袋：息を吐いてCO_2をカットするジェスチャーをし，レジ袋を使わないジェスチャーをする）
Tom: （ホワイトボード：A案を指さす）
　　　　（ガソリン〔の写真〕：ガソリンを使わないジェスチャーをする）
Mr. Davis: （年表など：未来を指さす）
Tom: （電気自動車〔の写真〕：電気自動車を指さす）
Alice: （ホワイトボード：C案を指さしたあと，A案とB案を指さす）
　　　　（ホワイトボード：3つの案を示したあとで，C案を指さす）
　　　　（照明のスイッチ：それをオフにする）

もとの英文は以下のとおり。

Mr. Davis: How can we save the earth?
　　　　　　Here are three ideas.
　　　　　　Which one is the best?
Beth: I like B the best.
　　　　We can cut CO_2 if we don't use plastic bags.
Tom: I like A better than B.
　　　　A doesn't use gas.
Mr. Davis: How about in the future, Tom?
Tom: I'll buy an electric car.
Alice: I like C better than the others.
　　　　Among these choices, I like C the best.
　　　　I already do that.

ONE WORLD English Course 2 平成24年版 pp. 104-105（教育出版）

2.4. 体の動きで本文を表現する暗唱

2.4.1 ジェスチャー音読・アフレコ音読

「ジェスチャー音読」は，「1.3.1　ジェスチャー読解」(p. 13)で考えたジェスチャーを実際につけながら暗唱する活動。生徒はグループになって練習する。その後教師のところに来てジェスチャー音読をするが，だれがどの役をするかはその場で教師が決める。そうでないと，生徒は自分の担当のセリフしか覚えない可能性がある。

「アフレコ音読」は，ペアとなったパートナーやグループの他のメンバーに本文の内容に沿ってジェスチャーをしてもらい，それを見ながら本文を思い出して暗唱するという活動なので，「ジェスチャー音読」より難易度が低い。映画の吹きかえなどでは，声優が映像を見ながらそれに合わせて音声を吹き込んでいくが，それを教科書本文を使って行うというイメージ。

いずれにしても，最終的に1人で全員分のセリフを暗唱できることが目標。

2.4.2 手話音読

「1.3.2　手話読解」(p. 15)で考えた"手を使ったジェスチャー"を行いながら暗唱するという活動。何も見ずに手話ジェスチャーをしながら暗唱するというレベルまで求める必要はなく，日本語で作った"手を使ったジェスチャー案"を見ながら暗唱してもよい。また，ペアになり，一方が手話を演じ，それを見ながら暗唱する「手話アフレコ音読」としてもよい。

2.4.3 視線確認音読

これは，「1.3.3　視線はどこだ」(p. 16)で書いたメモを手がかりに本文を暗唱するという活動。一種のジェスチャー音読。これもメモを見ながらでもよいし，グループやペアのメンバーに演じてもらったものを見ながら暗唱してもよい。

2.4.4 あなたも落語家

この活動も「2.4.1　ジェスチャー音読」や「2.4.2　手話音読」の一種。必ずしも落語のように正座してやる必要はないが，そのほうが雰囲気は出る。声色を変えたり，話し方を変えたり，左斜め上と右斜め下というふうに視線を動かしたりして，違う人が話していることを示す。扇子と手ぬぐいを使ってもよい。

〔例〕
次のストーリーを落語家のように演じてください。その際，①〜⑨のジェスチャーを入れてください。演じる時にセリフを忘れてしまったら，下の四角い枠のメモをちらっと見てもかまいません。

第1章　教科書本文を使った活動

ある男が動物園で働くことになり，長谷川園長と話し合っています。

Hasegawa: I'm the manager of this zoo. Has anyone told you about your job yet?
　　Man: No. What do I have to do?
Hasegawa: Recently our tiger died. He was the most popular animal here. Since then, the number of visitors has gone down. You're going to put on this tiger suit, get into the tiger cage, and be a tiger.
　　Man: Be a tiger?

ONE WORLD English Course 3 平成24年版 pp. 32-33（教育出版）

① 園長は名刺を差し出す。
② 隣の事務室（を想定して）の従業員を指さし，その後，手のひらを上にして男のほうに向ける。
③ 首を横に振る。
④ 肩をすくめて両手のひらを上に向ける。
⑤ 虎が死んだジェスチャーをする。教科書にあるイラストの檻の中の花を指さしてもよい。
⑥ 人差し指を立てる。
⑦ 人差し指を右上から左下におろして，来園者数が減少したことを手で表す。
⑧ 虎のかぶりものをし，人差し指と中指をまるで人が歩くように動かし，虎のまねをする。
⑨ 怪訝そうな顔つきで，虎のまねをする。

〈メモの例〉

```
長谷川：名刺
　　　　従業員を指さす
　　男：首を横に振る
　　　　肩をすくめる
長谷川：虎が死ぬふり
　　　　人差し指で「ナンバーワン」
　　　　人差し指を右上から左下におろす
　　　　かぶる，歩く，虎のまね
　　男：怪訝そうな顔つき
```

2.5. イラスト・写真・表・地図などを用いた暗唱

2.5.1 イラスト・写真・表・地図音読

「1.6.1　年表を作成しよう」(p. 30) や，「1.6.2　数値・グラフ・理由・条件などの表を作成しよう」(p. 31)，「1.6.3　旅程表を作成しよう」(p. 32)，「1.6.4　パンフレット・ポスターを作ろう」(p. 34) で作っ

た表やイラストやパンフレット，ポスター，旅程を書き込んだ地図などを見ながら教科書本文を暗唱する。各イラストや表の項目がどの文を示しているかを書き込んでおかないと，生徒は教科書本文を思い出せないことがあるので，本文とイラストなどの両方に番号を打っておかなければならない。

〔例〕

以下の教科書本文を，イラストや写真に書き込んだ情報などを参考にして，暗唱してください。

アヤがシドニーでの思い出を語ります。

① We went to Sydney for two days.
② Mr. Rose said, "The Olympic Games were held there in 2000."
③ First, we went to the Harbour Bridge and did the Bridge Climb.
④ It was so windy, and I was scared to death!
⑤ Then we went to the Opera House.
⑥ It was designed by a Danish architect.
⑦ These are some of the traditional symbols of Sydney.
⑧ It's a beautiful city!

ONE WORLD English Course 2 平成24年版 pp. 112-113（教育出版）

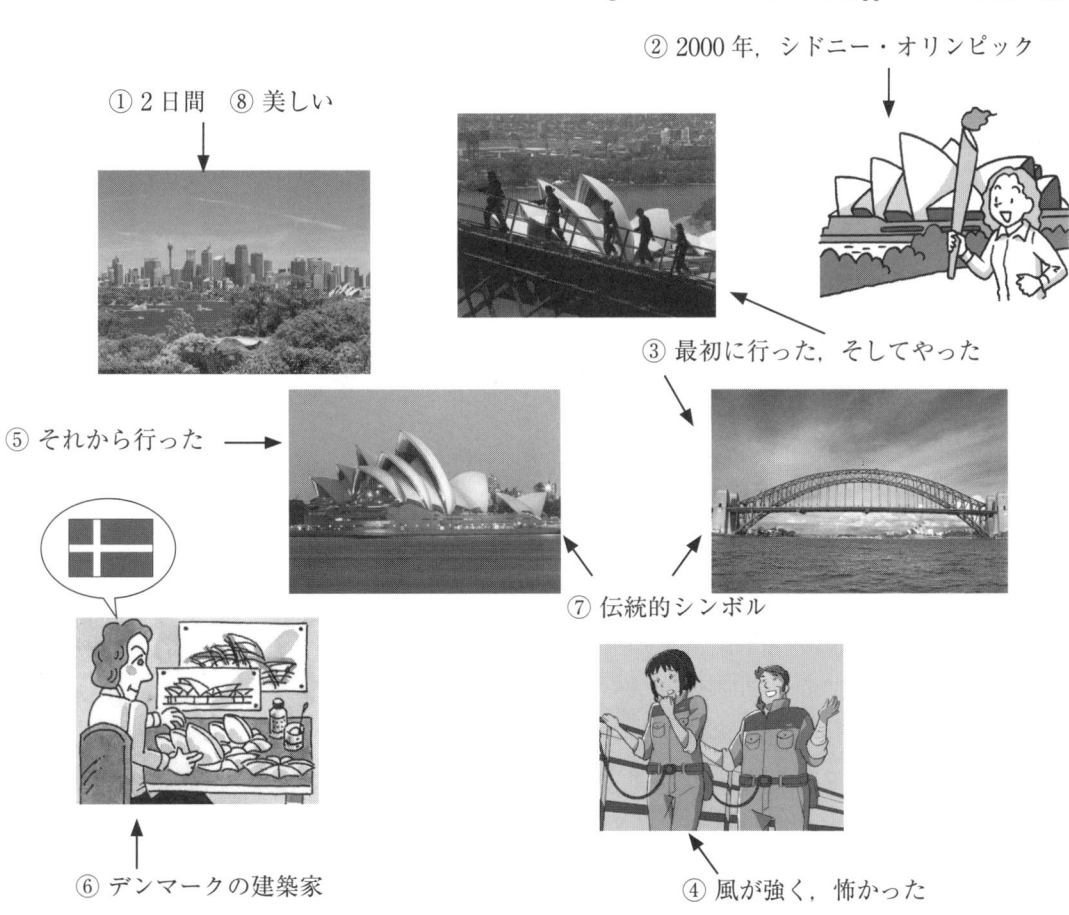

① 2日間　⑧ 美しい

② 2000年，シドニー・オリンピック

③ 最初に行った，そしてやった

⑤ それから行った

⑦ 伝統的シンボル

⑥ デンマークの建築家

④ 風が強く，怖かった

2.5.2 マンガナレーション音読

「1.5.1 コマ割りマンガ」(p. 24) で描いたマンガや，教師が用意したマンガなどを使って，教科書本文を暗唱していく活動。マンガは1文ずつだけではなく，センスグループごとに表すこともできるので，生徒にとってはやりやすいし楽しい。

2.6. メモや文構造分析図などを用いた暗唱

2.6.1 文頭数語ヒント音読

文字どおり，文頭の数語をヒントとして与え，本文を暗唱させる。中2以降では文が長くなるので，1語のヒントでは文全体を思い出せないことがあるし，多すぎるとあまり効果がないので，1文につき2〜3語ぐらいが適当。

〔例〕

次の語句はそれぞれの文の最初にある語句です。これらを手がかりに，本文を暗唱しましょう。

① After I learned ...

② The Internet is ...

③ I studied how ...

④ I drew *manga* ...

⑤ Now you can ...

⑥ I'm doing ...

⑦ But I'm just ...

⑧ If more people ...

もとの英文は以下のとおり。

① After I learned about landmines, I wondered what I could do about them.

② The Internet is a good place to learn about landmines.

③ I studied how they're made and where they're buried.

④ I drew *manga* to teach my friends about landmines.

⑤ Now you can see my *manga* on the Internet.

⑥ I'm doing everything to remove landmines.

⑦ But I'm just one person, and one person's power is so limited.

⑧ If more people get interested, we can make a difference.

ONE WORLD English Course 3 平成24年版 pp. 54-55（教育出版）

2.6.2 キーワード音読／自己責任キーワード音読

教師が教科書本文からキーになる語句を抜き出し、それをメモとして生徒に渡して参照させたり、「1.10.2 どの語を強く読めばいい？」(p. 50) で確認した、強く・高く・ゆっくり読む語句のリストを見たりしながら暗唱させるのが「キーワード音読」。

一方、生徒が自分でキーワードを抜き出し、それを手がかりに暗唱するのが「自己責任キーワード音読」。「自己責任キーワード音読」では、生徒が自分の学力に応じて活動できるよう、キーワードの数にバリエーションをもたせるとよい。例えば、8文で構成される文章の場合、キーワードの最少数は8個とする (1文につき1語のキーワード)。同じ文章でも、10語コース、15語コース、20語コースなどを設定する。20語コースから始めたら、合格するたびにキーワードの少ないコースに進ませ、生徒の自尊心を高めてやりたい。

〔例〕

以下の語を強く、高く、ゆっくりと読み、本文を暗唱しよう。

① Worldbook / latest notebook computer / Worldtech
② small / light / fast
③ carry / anywhere / use / anytime
④ new Longlife Battery / Worldbook / up / 24 hours
⑤ look / fashionable colors
⑥ choose / snow white / sky blue / cherry red / emerald green
⑦ People / need / computer / Worldbook
⑧ Get / yours / today

① This is Worldbook, the latest notebook computer from Worldtech. ② It's small! It's light! It's fast! ③ You can carry it anywhere and use it anytime. ④ And with the new "Longlife Battery," you can use your Worldbook for up to 24 hours! ⑤ And look at these fashionable colors! ⑥ You can choose from snow white, sky blue, cherry red, or emerald green. ⑦ People who need a computer need a Worldbook! ⑧ Get yours today!

ONE WORLD English Course 3 平成24年版 pp. 68-69 (教育出版)

2.6.3 メモ音読

本文を1文ずつ思い出せるようにメモを書き、それを手がかりに本文を暗唱するという活動で、「2.2.2 勝手に英会話A」(p. 72) の変形版。次の例では、（　）の右側の日本語を見ながら、左の（　）内に入る(1)〜(7)の英文を思い出して暗唱していく。

〔例〕
(1)～(7)のメモを参考にして，本文の内容を思い出して暗唱しよう。

(　1　) ←タンチョウの生態
(　2　) ←アイヌの人々がタンチョウをどう扱ってきたか
(　3　) ←江戸時代のタンチョウの生息場所
(　4　) ←タンチョウの数が減少した原因
(　5　) ←その結果
(　6　) ←1924年の発見
(　7　) ←人々の反応

　(1) These Japanese cranes live in wetlands and eat the small fish which they find. (2) They are the birds which the Ainu call "The Gods of the Wetlands." (3) In the Edo Period, cranes lived in many parts of Japan. (4) But people hunted them and little by little destroyed the wetlands. (5) As a result, the cranes almost disappeared. (6) Then in 1924, some cranes were found in the Kushiro Wetlands. (7) This was a happy discovery.

ONE WORLD English Course 3 平成24年版 p. 79（教育出版）

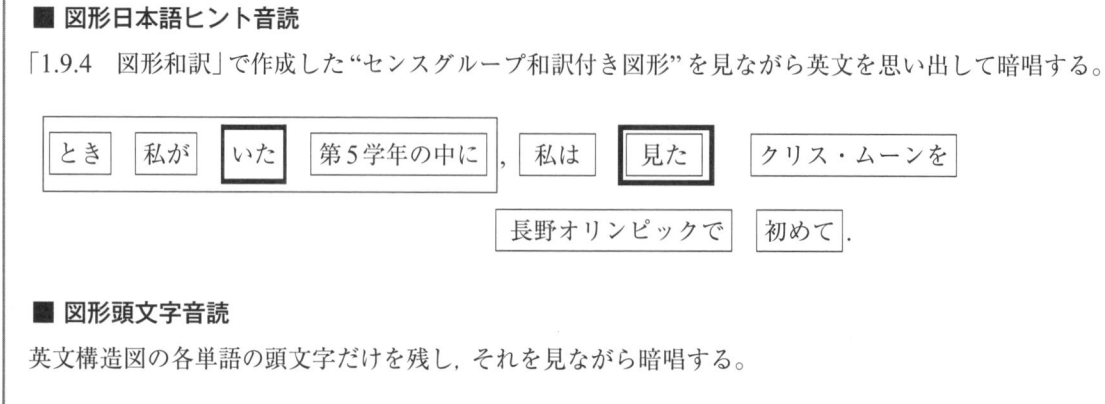

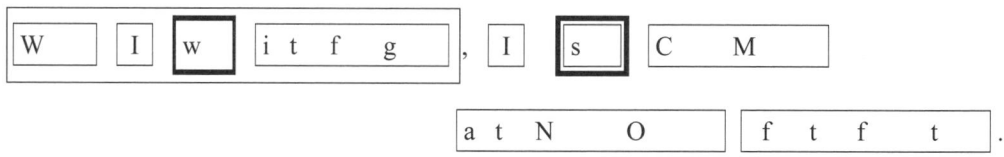

2.6.4　図形「日本語ヒント・頭文字・英文構成要素ヒント」音読

「1.9.4　図形和訳」(p. 47)で作成した英文構造図を使って英文暗唱する「図形音読」。英文構造図の応用のしかたによって，いろいろな活動を行うことが可能。

■ 図形日本語ヒント音読

「1.9.4　図形和訳」で作成した"センスグループ和訳付き図形"を見ながら英文を思い出して暗唱する。

| とき | 私が | いた | 第5学年の中に | , | 私は | 見た | クリス・ムーンを |

| 長野オリンピックで | 初めて |.

■ 図形頭文字音読

英文構造図の各単語の頭文字だけを残し，それを見ながら暗唱する。

| W | I | w | it f g | , | I | s | C M |

| at N　O | f t f t |.

2 理解 ▶ 暗記 ▶ 応用・発展

■ 図形英文構成要素ヒント音読

『だれ何が／は』や『だれ何を／に』などの英文構成要素を載せたものを見て本文を暗唱する。多少日本語を入れてもよい。

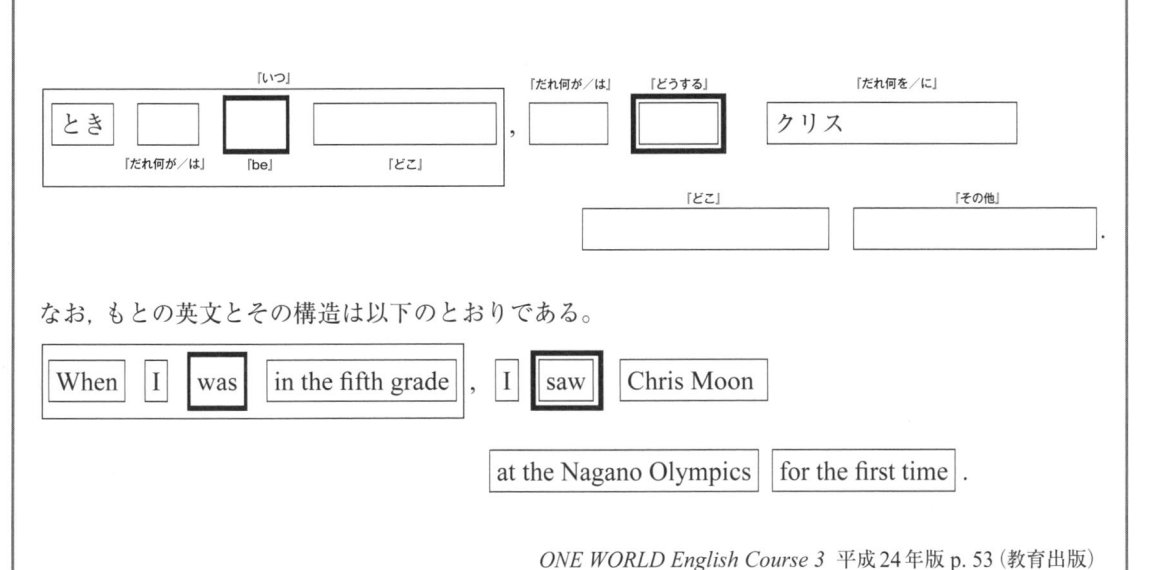

		[いつ]			[だれ何が／は]	[どうする]		[だれ何を／に]
とき				,		クリス		
	[だれ何が／は]	[be]	[どこ]				[どこ]	[その他]

なお，もとの英文とその構造は以下のとおりである。

When	I	was	in the fifth grade	,	I	saw	Chris Moon

at the Nagano Olympics ｜ for the first time．

ONE WORLD English Course 3 平成24年版 p. 53（教育出版）

2.6.5 漢文音読

「1.10.1 漢字を入れよう」（p. 48）で作った漢文（もどき）や，教師が用意した漢文（もどき）を見ながら本文を暗唱するという活動。一見難しそうだが，生徒にはウケがいい。教育実習生もこの活動をやってみて，生徒の食いつきのよさに感動したとの報告が多数あり。ぜひ，以下の例にチャレンジしてみていただきたい。

〔例〕

加藤先生：	你有興味此問題長期渡？
明子：	肯。実際我祖父会員＜団体〔保守自然［釧路］〕＞。
民：	継続（君祖父）做多仕事於当団体？
明子：	肯。（我祖父）継続捧人生対保護湿原。
健太：	逸本題，僕聞多植物並動物現在絶滅進行中世界隈無。
明子：	正。我々現在失進行中約百種毎年。
民：	我々可做或事前遅過。

〔参考・教科書本文〕

Mr. Kato: Have you been interested in this problem for a long time?
Aki: Yes, I have.

83

Actually my grandfather is a member of a group to protect nature in Kushiro.
Minh: Has he done a lot of work in the group?
Aki: Yes. He has dedicated his life to saving the wetlands.
Kenta: By the way, I hear many plants and animals are dying out throughout the world.
Aki: That's right. We're losing about 100 species every year.
Minh: We should do something before it's too late.

ONE WORLD English Course 3 平成18年版 pp. 22-23（教育出版）

2.6.6 品詞別穴埋め音読

　教科書本文をテキストで打ち出し，そこから名詞だけを抜いた箇所を（　）にする。同じように動詞を抜いたもの，形容詞および副詞を抜いたもの，前置詞と接続詞を抜いたもの，冠詞と所有格の代名詞・名詞および指示代名詞を抜いたものなどを用意し，生徒はくじを引き，あたったものを暗唱するという活動。

　高校の教科書は分量が多いので，段落ごと，あるいは70〜80語ごとに本文をいくつかの部分に分けて番号を打ち，くじ引きをしてあたったカードを見て暗唱させる。

〔例〕
（　）に入る言葉を補いながら，本文を20秒以内に音読できるように練習しよう。

■ 名詞編

　For my (　　), I worked at the International (　　). At first, I didn't know what to do. So the staff (　　) told me how to help (　　) to the center. One American (　　) didn't know how to recycle (　　). I tried to explain in (　　), but it was difficult. Now I want to study hard and become an (　　).

■ 動詞編

　For my internship, I (　　) at the International Center. At first, I didn't (　　) what to do. So the staff members (　　) me how to (　　) visitors to the center. One American woman didn't know how to (　　) garbage. I tried to (　　) in English, but it was difficult. Now I (　　) to study hard and (　　) an interpreter.

■ 形容詞・副詞・疑問詞編

　For my internship, I worked at the (　　) Center. At first, I didn't know (　　) to do. So the staff members told me (　　) to help visitors to the center. One (　　) woman didn't know (　　) to recycle garbage. I tried to explain in English, but it was (　　). Now I want to study (　　) and become an interpreter.

■ 前置詞編

　(　) my internship, I worked (　) the International Center. (　) first, I didn't know what (　) do. So the staff members told me how (　) help visitors (　) the center. One American woman didn't know how (　) recycle garbage. I tried (　) explain (　) English, but it was difficult. Now I want (　) study hard and become an interpreter.

■ 冠詞・代名詞・所有格編

　For (　) internship, I worked at (　) International Center. At first, I didn't know what to do. So (　) staff members told me how to help (　) visitors to (　) center. One American woman didn't know how to recycle (　) garbage. I tried to explain in English, but it was difficult. Now I want to study hard and become (　) interpreter.

※ 冠詞や所有格が入らないところにも（　）を作っておくと，生徒はかなり考える。

ONE WORLD English Course 2 平成24年版 p. 82（教育出版）

3 理解 ▶ 暗記 ▶ 応用・発展

3.1. 文の一部を変えて新しい文を作る活動

3.1.1 独り言突っ込み

モノローグのページで，1 文ずつにいちいち反応して，「俺かて…」とか「俺のほうが…（比較級や最上級）」「俺なんて…」とぶつぶつ言ったと仮定して，その独り言を英語で書いたり言ったりする活動。「1.7.3 勝手に英会話 B」(p. 38) や「1.7.4 性格設定突っ込み」(p. 40) の英語版。自己紹介や，何かを誇りに思っているというモノローグなどで，その語り手に対してライバル意識を燃やして比べてみたり，悔しがって文句を書いたり言ったりする。

〔例〕

次の英文 1 つずつに対して，「自分だって…」「自分のほうが…」「自分なんて…」と英文で突っ込みましょう。

■ その 1：負けん気が強い人編

I can play tennis.
あなた（1　　　　　　　　　　　　　　　　　　）
I am good at tennis.
あなた（2　　　　　　　　　　　　　　　　　　）
I can play the guitar, too.
あなた（3　　　　　　　　　　　　　　　　　　）
I have a new guitar.
あなた（4　　　　　　　　　　　　　　　　　　）
I like it.
あなた（5　　　　　　　　　　　　　　　　　　）

〈突っ込み例〉

(1) I can play baseball.
(2) I am super good at baseball.
(3) I can play video games, too.
(4) I have a new video game.
(5) I love it!

3 理解 ▶ 暗記 ▶ 応用・発展

■ その２：ツイてない人編

 March 27, Sunny

 あなた（1　　　　　　　　　　　　　　　　　　　　　）

 Bright sun, blue sky, blue ocean and white beaches ....

 あなた（2　　　　　　　　　　　　　　　　　　　　　）

 We had a great day!

 あなた（3　　　　　　　　　　　　　　　　　　　　　）

 We visited Ocean Expo Park.

 あなた（4　　　　　　　　　　　　　　　　　　　　　）

 The park had a big aquarium.

 あなた（5　　　　　　　　　　　　　　　　　　　　　）

 We saw many kinds of fish.

 あなた（6　　　　　　　　　　　　　　　　　　　　　）

 We saw some huge mantas there, too.

 あなた（7　　　　　　　　　　　　　　　　　　　　　）

 I liked them.

 あなた（8　　　　　　　　　　　　　　　　　　　　　）

ONE WORLD English Course 2 平成18年版 p. 5（教育出版）

〈突っ込み例〉

 (1) April 20, Rainy

 (2) Dark sky, cold weather, no money ....

 (3) It was not my day.

 (4) I visited a Chinese restaurant.

 (5) The restaurant had a great cook.

 (6) I saw many kinds of dishes.

 (7) I saw some huge *nikuman* there, too.

 (8) But I didn't have any money.

3.1.2　対比音読

「対比音読」は，「3.1.1　独り言突っ込み」と同様の活動。

「独り言突っ込み」が"ぼやき"に近い「クスッと笑える活動」であるのに対して，対比音読は school systems や cultural differences などがテーマのページで行い，海外の生活や制度と日本のそれらを比較する活動。

〔例〕

次の英文は，アメリカのある州の中学生が書いた文章です。これを読み，対比させることで日本の学校制度を教えてあげましょう。

School starts in September in our country.
Most of us go to school by school bus.
We usually have four classes in the morning and two in the afternoon.
We only have five minutes between classes.
We bring lunch from home or buy it in the cafeteria.
We leave school at about 2:30 p.m.

〈解答例〉

School starts in April in my country.
Some of us walk to school and others go to school by bicycle.
We usually have four classes in the morning and two in the afternoon, too.
We have ten minutes between classes.
We eat school lunch in our classroom.
We leave school at about 6:30 p.m.

3.1.3 ひねくれ者音読

モノローグのページで行う活動。ペアになり，一方が教科書本文を読み，もう一方が即座に反対のことを言う。否定文の練習になる。

〔例〕

次の英文はビデオレターのセリフです。これに対して，いちいち反対のことを言って突っ込んでください。質問をされたら，「そっちこそどうなんだい」と突っ込んでください。

Hi, I'm Jun.	あなた（1　　　　　　　　　　）
I'm in California.	あなた（2　　　　　　　　　　）
It's two thirty in the afternoon on June 7.	あなた（3　　　　　　　　　　）
What time is it in Japan?	あなた（4　　　　　　　　　　）
I usually get home at three o'clock.	あなた（5　　　　　　　　　　）
Then I go to soccer practice.	あなた（6　　　　　　　　　　）
What time do you get home from school?	あなた（7　　　　　　　　　　）

ONE WORLD English Course 1 平成18年版 p. 43（教育出版）

〈解答例〉

(1) I'm not Jun.

(2) I'm not in California.

(3) It's not two thirty in the afternoon on June 7.

(4) What time is it in California?

(5) I don't usually get home at three o'clock.

(6) I don't go to soccer practice.

(7) What time do YOU get home from school?

3.1.4 あなたも漫才師（2人称編・3人称編・トリオ漫才編・観客突っ込み編）

モノローグで主語が1人称のページで行う活動。田尻の英語科教育法をとった学生は，これを必ずやらされ，発音も厳しくチェックされ，何度も何度も不合格にされ，できるようになるまで続けさせられる。できた時の感動は半端じゃないという感想が多い。

■ 2人称編

90～91ページの例では，Aさん（モノローグの語り手）とBさんのやりとりを指す（AさんのYesがついているセリフは不要）。ペアになり，Aさん役が教科書本文を1文ずつ音読するかRead and Look Upする。Bさん役はそれを聞いて，IやmyなどのをyouやyourなどのBさんに直して即座に言う。

〔例〕　A：皆さん花好きですか？　ぼく好きですねん。
　　　B：きみ花好きなんや。

■ 3人称編

90～91ページの例では，Aさん（モノローグの語り手）とCさんのやりとりを指す（AさんのYesがついているセリフは不要）。ペアになり，Aさん役が教科書本文を1文ずつ音読するかRead and Look Upする。Cさん役はそれを聞いて，Iやmyなどの部分をもとの名詞（この例ではKenta）に戻して暗唱する。高校では，文中の代名詞が何を指すかよく問われるので，その準備トレーニングとして有効な活動。itやthatは文全体の内容を指すこともあるので，その場合は工夫が必要。

〔例〕　A：皆さん花好きですか？　ぼく好きですねん。
　　　C：ケンタは花好きなんですわ。

■ トリオ漫才編

2人称編と3人称編を合体した活動で，3人で行う。90～91ページの例では，Aさん（モノローグの語り手）とBさんとCさんのやりとりを指す（AさんのYesがついているセリフは不要）。Aさん役が教

科書本文を１文ずつ音読するかRead and Look Upし，Ｂさん役がIやmyなどの部分をyouやyourなどの２人称に直して即座に言い，Ｃさん役がIやmyなどの部分をもとの名詞（この例ではKenta）に戻して暗唱する。

〔例〕　A:　皆さん花好きですか？　ぼく好きですねん。
　　　　B:　きみ花好きなんや。
　　　　C:　ケンタ花好きなんですわ。

■ 観客突っ込み編

３人または４人でやる活動で，最高難度。４人でやる場合は，トリオ漫才編のＡさんとＢさんとＣさんのあとで，観客席からＤさんが突如声を張り上げ，Ａさんに「おまえほんまに…か？」と突っ込み，Ａさんが「ほんまですねん。ぼく…ですねん」と答える。その際，90～91ページの例の大文字で太字の部分を強調して読む。これが「あなたも漫才師：トリオ漫才観客突っ込み編」。３人でやる場合は，Ｂさんを除いて行う。これは「あなたも漫才師：３人称観客突っ込み編」という。

〔例〕　A:　皆さん花好きですか？　ぼく好きですねん。
　　　　B:　きみ花好きなんや。
　　　　C:　ケンタ花好きなんですわ。
　　　　D:　おまえ，ほんまに花好きなんか？
　　　　A:　そうですねん，ぼくほんまに花好きなんですわ。

〔例〕

次の英文はケンタのモノローグです。いろいろなパターンで「あなたも漫才師」に挑戦しよう。

　① Do you like flowers? I do.　② Flowers are my family's business.　③ So we always have flowers on our kitchen table. ④ My grandfather opened a flower shop about 40 years ago. ⑤ My father works with him. ⑥ They go to the flower market at 4:00 a.m. ⑦ I often help them. ⑧ But it is very difficult for me to get up so early.

ONE WORLD English Course 3 平成18年版 p. 49（教育出版）

活動例は次のとおり。「観客突っ込み編」のＡさんは，大文字で太字の部分を強調して読む。

A:　① Do you like flowers? I do.
B:　You like flowers.
C:　Kenta likes flowers.
D:　Do you really like flowers?

A: Yes, I **DO** like flowers.

　② Flowers are my family's business.

B: Flowers are your family's business.

C: Flowers are Kenta's family's business.

D: Are flowers really your family's business?

A: Yes, they **ARE** my family's business.

　③ So we always have flowers on our kitchen table.

B: So you always have flowers on your kitchen table.

C: So Kenta's family always have flowers on their kitchen table.

D: Do you really always have flowers on your kitchen table?

A: Yes, we **DO** always have flowers on our kitchen table.

　④ My grandfather opened a flower shop about 40 years ago.

B: Your grandfather opened a flower shop about 40 years ago.

C: Kenta's grandfather opened a flower shop about 40 years ago.

D: Did your grandfather really open a flower shop about 40 years ago?

A: Yes, he **DID** open a flower shop about forty years ago.

　⑤ My father works with him.

B: Your father works with him.

C: Kenta's father works with Kenta's grandfather.

D: Does your father really work with your grandfather?

A: Yes, he **DOES** work with my grandfather.

　⑥ They go to the flower market at 4:00 a.m.

B: They go to the flower market at 4:00 a.m.

C: Kenta's father and grandfather go to the flower market at 4:00 a.m.

D: Do your father and grandfather really go to the flower market at 4:00 a.m.?

A: Yes, they **DO** go to the flower market at 4:00 a.m.

　⑦ I often help them.

B: You often help them.

C: Kenta often helps his father and grandfather.

D: Do you really help your father and grandfather?

A: Yes, I **DO** help my father and grandfather.

　⑧ But it is very difficult for me to get up so early.

B: But it is very difficult for you to get up so early.

C: But getting up so early is very difficult for Kenta.

D: Is it really very difficult for you to get up so early?

A: Yes, it **IS** very difficult for me to get up so early.

第 1 章　教科書本文を使った活動

3.1.5　メモ応用音読

　メモを手がかりに教科書本文を暗唱するのは「2.6.3　メモ音読」(p. 81)。一方，メモを手がかりに教科書本文を少し形を変えて，同じ意味を表す英文で言うのがこの「メモ応用音読」。

〔例〕
ヒントを参考に，教科書本文の内容をあなたの言葉で表そう。なお，以下が本文です。これと同じ意味を違う表現で言いましょう。

　These Japanese cranes live in wetlands and eat the small fish which they find. They are the birds which the Ainu call "The Gods of the Wetlands." In the Edo Period, cranes lived in many parts of Japan. But people hunted them and little by little destroyed the wetlands. As a result, the cranes almost disappeared. Then in 1924, some cranes were found in the Kushiro Wetlands. This was a happy discovery.

ONE WORLD English Course 3 平成 24 年版 p. 79（教育出版）

(　1　) ← タンチョウの生態
(　2　) ← アイヌの人々がタンチョウをどう扱ってきたか
(　3　) ← 江戸時代のタンチョウの生息場所
(　4　) ← タンチョウの数が減少した原因
(　5　) ← その結果
(　6　) ← 1924 年の発見
(　7　) ← 人々の反応

〈解答例〉
(1) The Japanese cranes in the picture live in wetlands and eat the small fish that they find there.
(2) The Ainu people call them "The Gods of the Wetlands."
(3) In the Edo Period, cranes were seen in many places of Japan.
(4) But people hunted the cranes and destroyed the wetlands that they lived in.
(5) Because of that, the cranes almost disappeared.
(6) Then in 1924, some cranes were discovered in the Kushiro Wetlands.
(7) This discovery made people happy.

3.1.6 要約ナレーション：あなたもレポーター

会話文のページで，会話をしている2人のセリフに相関関係があるときに使える活動。例えば，AさんとBさんが会話しており，2人が何かセリフを言ったあと突然画面がフリーズし，そこにレポーターが現れて2人の会話をサマライズする，という設定で行う。

次の例では，キング先生が「昨夜英語の勉強した？」と尋ね，アヤが「いいえ，していません。早めに布団に入ったんです」と答えているので，この2つを合体してレポーターが「アヤは昨夜早めに布団に入ったので英語の勉強をしませんでした」と1つにまとめる。

〔例〕　*Ms. King:*　㋐ Did you study English last night?

　　　　Aya:　㋑ No, I didn't. I went to bed early.

　㋐＋㋑＝ Aya didn't study English last night because she went to bed early.

〔例〕
次の会話からアヤについて分かることを，前述の例にならって英語で5文書いてみよう。主語は全て，Aya で書き始めること。

Ms. King:　① You look sleepy today, Aya.
　　Aya:　② I went to bed at two in the morning.
Ms. King:　③ Why did you stay up so late?
　　Aya:　④ To finish my report about my work experience.
Ms. King:　⑤ You mean your internship?
　　Aya:　⑥ Right.　⑦ I worked at a photo studio.
Ms. King:　⑧ Why did you choose that internship?
　　Aya:　⑨ To learn about taking photos.　⑩ I'm interested in photography.

ONE WORLD English Course 2 平成24年版 pp. 78-79 (教育出版)

(1) ① ＋ ② ＝ _____

(2) ③ ＋ ④ ＝ _____

(3) ⑤ ＋ ⑥ ＝ _____

(4) ⑦ ＝ _____

(5) ⑧ ＋ ⑨ ＋ ⑩ ＝ _____

〈解答例〉

(1) Aya looks sleepy today because she went to bed at two in the morning.

(2) Aya stayed up so late to finish her report about her work experience.

(3) Aya means her internship (by saying "work experience").

(4) Aya worked at a photo studio.

(5) Aya chose that internship to learn about taking photos because she is interested in photography.

3.1.7 叙述文台本化（音読）

これは，「3.1.6 要約ナレーション：あなたもレポーター」の逆で，narrative なモノローグを台本のセリフのように，会話文に変えるという活動。教師が会話文をモノローグに書きかえたものを用意しておき，生徒はそれを見ながら本文を思い出して暗唱する。

〔例〕
以下のストーリーを，メイとジン，ボブの3人のセリフによる台本に変えてください。

Mei asks Jin to show her his guidebook, but everything in it is written in Korean. So Jin asks Mei what she wants to know. Mei says that Mr. Sato talked about Horyuji and that she wants to know what the guidebook says about it. Jin looks for the information and finds that it was built in 607. Bob cuts into their conversation and says that's more than 1,400 years ago. Jin tells Bob that Horyuji is the oldest wooden building in the world and that it was selected as a World Heritage Site in 1993. Bob can't believe it's still standing.

〈解答例〉

Mei: Jin, can I see your guidebook?
Jin: Sure, but everything's written in Korean. What do you want to know?
Mei: Mr. Sato talked about Horyuji. What does the guidebook say?
Jin: Let me see. It was built in 607.
Bob: That's more than 1,400 years ago!
Jin: Right! It's the oldest wooden building in the world.
 And it was selected as a World Heritage Site in 1993.
Bob: I can't believe it's still standing!

ONE WORLD English Course 3 平成24年版 pp. 6-7（教育出版）

3.1.8 間接疑問文書きかえ（音読）

疑問文が多く出てくる会話文のページを，ナレーションに書きかえる。その際，疑問文をクォーテーションマークで囲んで直接疑問文にするのではなく，間接疑問文にするのがポイント。

〔例〕

次の会話文をナレーターになって英語でレポートしてください。レポーターは台本のト書きのように現在形で語り，疑問文は間接疑問文に書きかえてください。

修学旅行で京都に来ているアヤたちは，班別行動をしています。

Bob: Where are we going next?
Aya: Next, we go to Ryoanji. It was built by Hosokawa Katsumoto in 1450.
Bob: What's unique about Ryoanji?
Aya: It has a famous rock garden.
Bob: Huh?

龍安寺に着きました。

Aya: So, what do you see, everyone?
Bob: I only see stones.
Aya: I see islands in the ocean.
Mei: I see mountains in the clouds.
Jin: I see a mother tiger and her cubs.
Bob: I'm surprised to hear that!

ONE WORLD English Course 3 平成 24 年版 pp. 8-9（教育出版）

〈解答例〉

　Bob asks where they are going next. Aya answers they go to Ryoanji next. She says that it was built by Hosokawa Katsumoto in 1450. Then Bob asks (Aya) what's unique about Ryoanji. She answers that it has a famous rock garden. After they arrive at Ryoanji, Aya asks her friends what they see. Bob only sees stones, Mei sees mountains in the clouds, and Jin sees a mother tiger and her cubs. Aya says she sees islands in the ocean. Bob is surprised to hear that.

3.1.9 表参照英作文（音読）

「1.6.2 数値・グラフ・理由・条件などの表を作成しよう」(p. 31) で表などにまとめた情報を見て，教科書本文とは違う表現でそれらを英文にしていくという活動。

〔例〕

次の表を見て，キング先生，ケンタ，アヤの会話をモノローグでレポートしてください。レポートは，脚本のト書きのように現在形で行ってください。なお，教科書本文を参考にしてもかまいませんが，じっくり読んで会話の展開を覚えたら教科書を閉じ，表を見ながら自分の言葉で会話の内容をレポートしてください。

	日本の中学生	シンガポールの中学生	ジンと同級生	ケンタ
キング先生の質問	(1) 各国の学習時間について何が分かったか。			
学習時間	(2) 放課後90分（家庭学習も含む）	(6) 平均して3時間半	(7) ほぼ5時間	(4) 90分未満
ケンタの反応	(3) 驚いている。	―	(9) 「想像を絶する」「ジンの先生は勉強させすぎ」と言っている。	―
アヤの反応	―	―	(8) 感心している。	―
ケンタの母の反応	―	―	―	(5) ケンタに「もっと勉強しろ」と言う。

【解説】

ポイントは，単なる英訳に見せないこと。そのまま英訳を書き込ませるのではなく，例えばケンタのセリフである My mother always tells me to study harder. という文を，Kenta's mother always tells him to study harder. のように主語を3人称に書きかえた日本語を書き込ませるなどの工夫をする。解答例は次のとおり。

> 教科書と同じ表現を思い出すだけでなく，自分の言葉で表現できるよう，表への書き込みを工夫させることがポイントです。

(1) Ms. King asks her students what they found out about study time in their countries.
(2) Japanese junior high school students usually study or do their homework for ninety minutes after school.
(3) Kenta is surprised to know that.
(4) (because) He doesn't study so long.
(5) Kenta's mother tells him to study harder.
(6) Mei says that junior high school students in Singapore study for three and a half hours on average.
(7) Jin says that he and his friends in Korea studied/study for almost five hours.
(8) Aya is impressed with Korean students' study time.
(9) Kenta is surprised and he says that Jin's teachers want them to work too hard.

〔参考：教科書本文〕

ケンタたちが，各国の中学生の勉強時間についてインターネットで調べました。

Ms. King: What did you find out about study time in your countries?
Aya: Japanese junior high school students usually study for ninety minutes after school.
Kenta: Ninety minutes? I don't study that much. My mother always tells me to study harder.
Mei: In Singapore, the average is three and a half hours.
Jin: In Korea, my classmates and I studied for almost five hours.
Aya: Five hours? I'm impressed!
Kenta: I can't imagine! Your teachers want you to work too hard!

ONE WORLD English Course 2 平成24年版 pp. 126-127（教育出版）

3.2. 文の形を変える活動

3.2.1 あなたも英語教師

　日本の学校の英語授業では，教師が英語で質問をして生徒に答えさせることはしていても，生徒が教師に英語で質問をすることはめったにない。また，生徒が答えるときは"ショート"アンサーで許されていることが多いが，それでは学力はつかない。

　モノローグで主語が3人称のページでは，それぞれの平叙文から疑問文が何個作れるか，それらはどんな疑問文か，そしてそれらにどう答えるかを練習することができる。

　モノローグかつ主語が1人称のページで「あなたも英語教師」を行う場合は，1人称の代名詞を3人称に変える必要があるので，「3.1.4　あなたも漫才師：3人称編」(p. 89) で十分に練習したあとに行う。

　次ページから紹介するのは，主語が1人称の文を例にとり，中学の授業で英問英答をする際に生徒に配布するプリントと同じものである。参考にしていただきたい。

英問英答のしかた

　英問英答とは，英語で質問して英語で答えることです。授業では，皆さんが教科書本文をどれぐらい理解しているかを知るために，先生が英語で質問することがあると思います。高校では特にこの傾向が強く，本文に関する英問英答の技術は中学校のうちに身につけておかなければなりません。

　例えば，教科書本文に以下のような文があったとします。

　　　　Kenta: I practice soccer at school every day.
　　　　　　　（ぼくは毎日学校でサッカーの練習をしています。）

すると，先生は皆さんに次のような質問をして皆さんが答える，という可能性があります。

　あなたの先生： Does Kenta practice soccer every day?
　　　　　　　（ケンタは毎日サッカーの練習をしていますか。）
　皆さん： Yes, he does.
　　　　　（はい，そうです。）
　あなたの先生： Where does Kenta practice soccer every day?
　　　　　　　（ケンタは毎日どこでサッカーの練習をしているでしょうか。）
　皆さん： He practices soccer at school.
　　　　　（彼は学校でサッカーの練習をしています。）

　このようなやりとりを，英問英答といいます。
　英問英答のコツをつかむと，入試を突破するための1つのスキルを身につけるだけでなく，外国の人に質問をしたり答えたりする会話力もつきますので，ぜひがんばってチャレンジしてくださいね。

1. Yes / No 疑問文の作り方

| I | practice | soccer | at school | every day | .

　主語が1人称の場合は，I, we, my などの代名詞をもとの名詞に置きかえます。この文のIはケンタのことですから，IをKentaに変えます。

| Kenta | practice | s | soccer | at school | every day | . ------ ★

　practices は，practice の背後に does がかくれていて does の語尾の -s が見えている形。この does を主語である Kenta の前に出せば，Yes / No で答えてほしい疑問文❶が完成！

| Does | Kenta | practice | soccer | at school | every day | ? ------ ❶

2. Yes / No 疑問文の答え方

　答え方には，①長い答え方（ロング），②短い答え方（ショート），③かっこいい答え方（クール）の3種類があります。Yesで答える場合は，am, are, is などの be 動詞や can, will などの助動詞を強く読むと，「本当にそうですよ」「まじでそうですよ」という強調の答えになります。助動詞 do, does, did を含む疑問文に対する「強調」の答えは，動詞の背後にかくれている do, does, did を動詞の直前に引っ張り出して強く読むのがコツです。

■ Yes で答えるとき
　① 長い答え方（ロング）
　　疑問文をもとの文（★の文）に戻し，その前に Yes, をつけます。Kenta は2度目の登場ですので，代名詞の he に変えます。

| Yes | , | he | practice | s | soccer | at school | every day | .

　○「強調」の答え方
　　①の答え方では does が practice の背後にかくれていますが，これを前に出して強く読むと「本当に」「まじで」という強調の答え方になります。

| Yes | , | he | | does | | practice | soccer | at school | every day | .

　長い答え方や「強調」の答え方は，実際の会話ではよほど強調したいときを除いてあまり言うことはありませんが，何も見ずにこのように答える練習は暗記力が求められるのでとてもいいトレーニングになりますよ。

② 短い答え方（ショート）
　一番短い答え方は，Yes. だけです。

③ かっこいい答え方（クール）
　Yesと，主語を代名詞にしたもの（この場合Kentaをheにする）と，太枠の助動詞で答えます。

| Yes | , | he | | does | | .

■ No で答えるとき
① 長い答え方（ロング兼強調）

| No | , | he | | does | n't | practice | soccer | at school | every day | .

　助動詞doesは恥ずかしがり屋なので，動詞practiceの背後にかくれたがるのですが，この答え方ではn'tが邪魔をしていてそれができません。doesn'tは強く高く読みます。

② 短い答え方（ショート）
　一番短い答え方は，No. だけです。

③ かっこいい答え方（クール）
　Noと，主語を代名詞にしたもの（この場合Kentaをheにする）と，太枠の助動詞で答えます。

| No | , | he | | does | n't | .

3. 疑問詞疑問文の作り方　その１：主語の部分を尋ねたい

「ケンタ」の部分が分からないとき，つまり「だれが毎日学校でサッカーの練習をしているのですか？」と尋ねるときの英問英答です。

まず，❶の疑問文を基本として，尋ねたい部分を疑問詞に変えて文頭に置きます。ここでは Kenta を Who「だれ」に変えます。すると❷の文ができます。

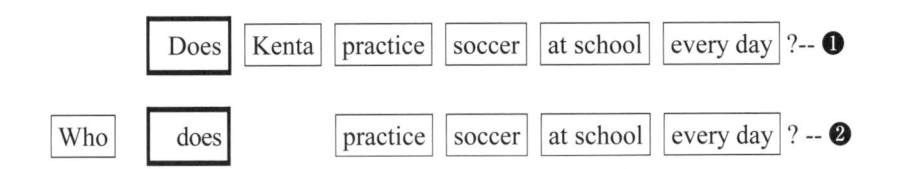

| Does | Kenta | practice | soccer | at school | every day | ? -- ❶ |

| Who | does | | practice | soccer | at school | every day | ? -- ❷ |

助動詞 do / does / did は恥ずかしがり屋で動詞の背後にかくれたがる特性をもっています。❶の疑問文では，間にある Kenta というカードに邪魔されて Does が practice の背後にかくれることができませんが，❷の文では Kenta が Who に変身して文頭に移動したので，助動詞 does は急いで動詞 practice の背後にかくれ，次のようになります。

| Who | | practice s | soccer | at school | every day | ?

これがふつうの言い方で，❷のように does と practice を分ける言い方はしません。
そして，答え方には，① 長い答え方（ロング），② 短い答え方（ショート），③ かっこいい答え方（クール）の3種類があります。

① 長い答え方（ロング）

| Who | | practice s | soccer | at school | every day | ?

| | Kenta | practice s | soccer | at school | every day | .

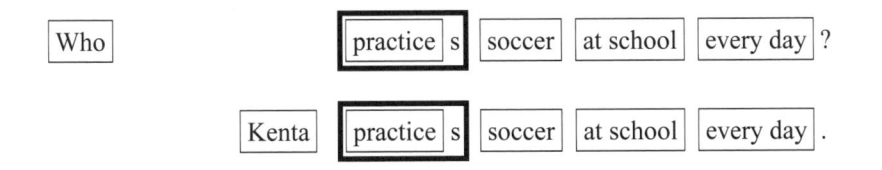

「だれが毎日学校でサッカーの練習をしているのですか？」という質問に対して，「ケンタが毎日学校でサッカーの練習をしているんだよ。」とフルセンテンスで答えることなどめったにないのですが，これを口頭練習すると，長い文を覚えないといけないので，脳トレになります。このトレーニングをたくさんしてこそ，英語の基礎力がつくのです。

② 短い答え方（ショート）

　最短の答えは Kenta. です。Who に対する答えである Kenta だけを言う答え方です。

③ かっこいい答え方（クール）

　疑問詞疑問文のかっこいい答え方には，次のようなルールがあります。

ア．語順表（p. 60）の網かけの部分を省略しない。『どのように』，『だれにとって』，『どこ』，『いつ』，『なぜ』は，答えの中心部分でないときは省略する。

イ．主語である『だれ何が／は』は，答えの中心部分でないときは代名詞にする。

ウ．主語である『だれ何が／は』の部分を Who や What[What ＋ 名詞] で尋ねられたときは，以下の形で答える。

　『だれ何が／は』＋ be 動詞　　（〔例〕Who is your math teacher? Ms. Tanaka is.）

　『だれ何が／は』＋助動詞　　　（〔例〕What month comes after June? July does.）

　Who practices soccer at school every day? と尋ねられたときの「かっこいい答え方（クール）」は，ウの項目をあてはめます。

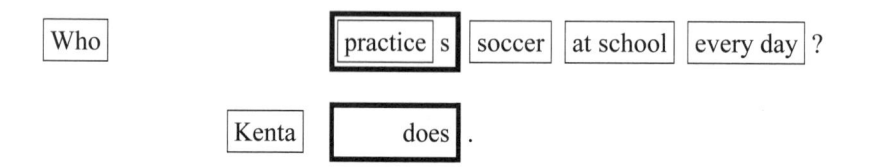

| Who | | practice | s | soccer | at school | every day | ? |

　　　　　　　　| Kenta | | does | .

4. 疑問詞疑問文の作り方　その２：主語以外の部分を尋ねたい

■「サッカー」の部分を尋ねたいとき

→「ケンタは毎日学校で何を練習しているのですか？」と聞くときの英問英答のしかたです。

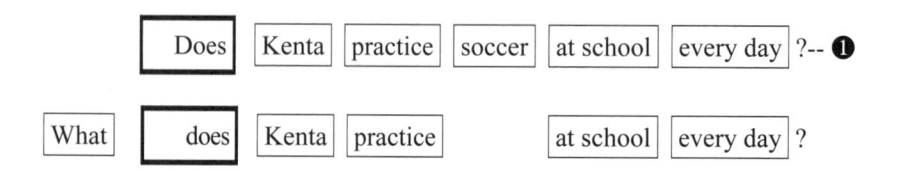

| Does | Kenta | practice | soccer | at school | every day | ? -- ❶

| What | does | Kenta | practice | | at school | every day | ?

3 理解 ▶ 暗記 ▶ 応用・発展

英問英答のしかた

答え方は次の3種類です。

① ロング　　　| He | practice s | soccer | at school | every day |.

※もとの文を全て言う方法です。ただし，Kentaの部分は代名詞にします。

② ショート　　　　　　　| Soccer |.

③ クール　　　| He | practice s | soccer |.

　　　　　　※『どこ』にあたるat schoolと『いつ』にあたるevery dayは，アのルールに
　　　　　　　従い，省略します。

■「サッカーの練習をしている」ことが分からないとき
→「ケンタは毎日学校で何をしているのですか？」と尋ねる方法とその答え方です。④が長い答え方（ロング），⑤が短い答え方（ショート），⑥がかっこいい答え方（クール）です。

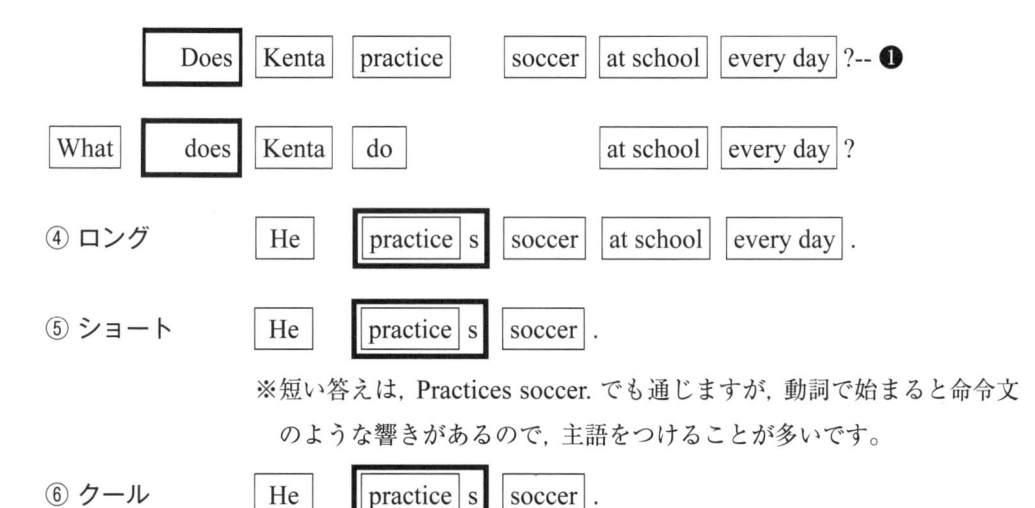

| Does | Kenta | practice | soccer | at school | every day |?-- ❶

| What | does | Kenta | do | | at school | every day |?

④ ロング　　　| He | practice s | soccer | at school | every day |.

⑤ ショート　　| He | practice s | soccer |.

　　　　　　※短い答えは，Practices soccer. でも通じますが，動詞で始まると命令文
　　　　　　　のような響きがあるので，主語をつけることが多いです。

⑥ クール　　　| He | practice s | soccer |.

■「学校で」の部分が分からないとき
→「ケンタは毎日どこでサッカーの練習をしているのですか？」と尋ねる方法とその答え方です。⑦が長い答え方，⑧が短い答え方，⑨がかっこいい答え方です。

103

英問英答のしかた

| Does | Kenta | practice | soccer | at school | every day | ?-- ❶ |

| Where | does | Kenta | practice | soccer | | every day | ? |

⑦ ロング　　 He | practice s | soccer | at school | every day .

⑧ ショート　　　　　　　　　　　　　 At school .

⑨ クール　　 He | practice s | soccer | at school .

※『いつ』にあたる every day は，アのルールに従い，省略します。

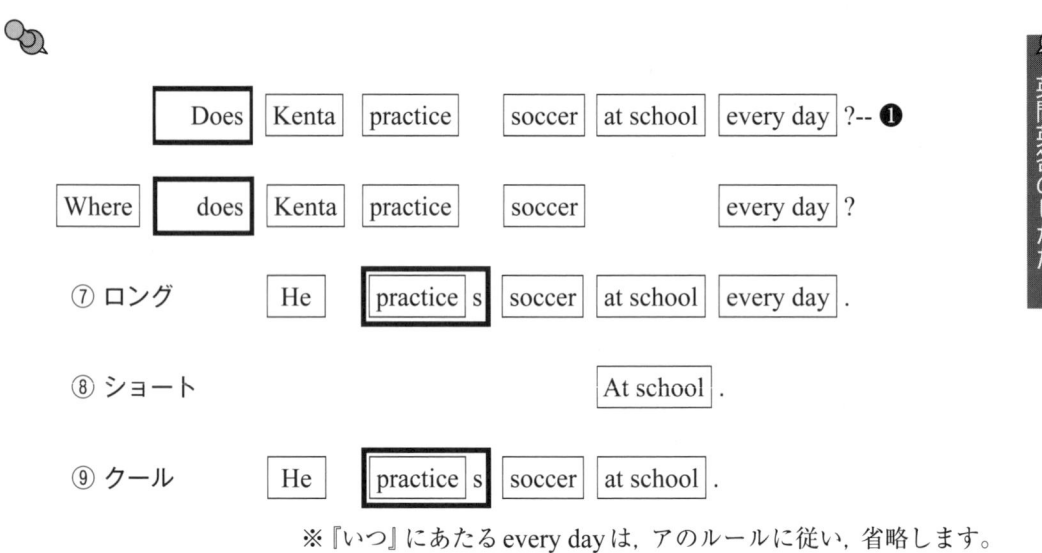

■「毎日」が分からないとき

→「ケンタはいつ学校でサッカーの練習をしているのですか？」と聞く方法とその答え方です。⑩が長い答え方，⑪が短い答え方，⑫がかっこいい答え方です。

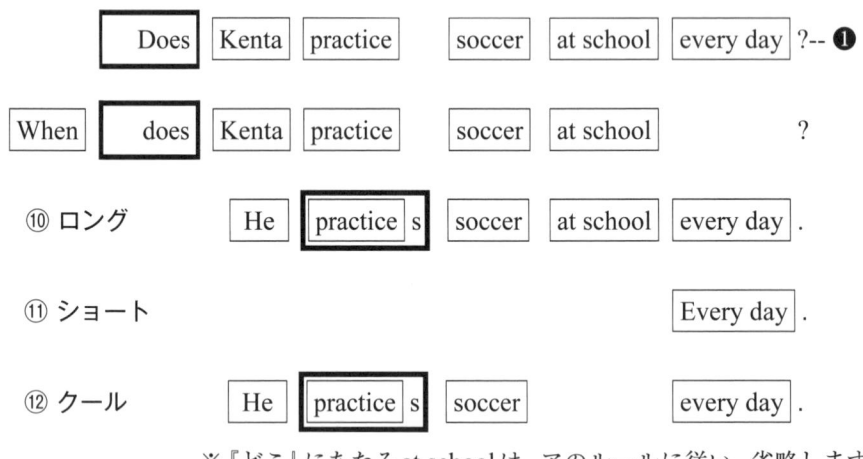

| Does | Kenta | practice | soccer | at school | every day | ?-- ❶ |

| When | does | Kenta | practice | soccer | at school | ? |

⑩ ロング　　 He | practice s | soccer | at school | every day .

⑪ ショート　　　　　　　　　　　　　 Every day .

⑫ クール　　 He | practice s | soccer | | every day .

※『どこ』にあたる at school は，アのルールに従い，省略します。

　最終的には，「かっこいい答え方」ができるようになるのが中学英語の目標ですが，その前に「長い答え方」を練習しましょう。そして，それらがマスターできたら，「短い答え方」にしてもかまいません。日本の英語教育では，"ロング→クール→ショート"と行くべきところを，ほとんど"ショート"でOKとされてきたのが，「6年間も英語を勉強しているのに，英語が使えない」原因の1つだと思われます。

3.2.2 Good Listener

　ペアになり，一方が教科書本文を読む。もう一方はそれを聞きながら簡単なメモを取る。日本語でも英語でもかまわないし，記号を使ってもよい。そして，聞き終わったら，メモを手がかりに本文の内容を（付加疑問文で）確認する。その際，本文と全く同じである必要はなく，多少表現を変えてもかまわないこととする。

〔例〕
落語家の桂かい枝さんがアヤの中学校を訪れ，海外での体験談を語ります。

① I have just come back from my *rakugo* tour in America. ② I had so many interesting experiences there. 　③ In *rakugo*, one performer plays all the characters in a story.　④ But sometimes an American audience doesn't understand this.

ONE WORLD English Course 3 平成24年版 p. 30（教育出版）

〈メモ例と解答例（そのメモを手がかりにした復唱例）〉

```
back　らくごツアー　米
おもろいけいけん
らくご　ぱふぉ　全きゃら　はなし
ときどき　米　きゃく　理✕
```

① Kaishi-san has just come back from his *rakugo* tour in America, hasn't he?
② He had a lot of interesting experiences in America, didn't he?
③ In *rakugo*, one *rakugoka* performs all the characters in a story, doesn't he?
④ But sometimes American people don't understand this, do they?

メモは簡単でかまいません。英語で聞いた内容を自分の表現で再現し，平叙文や付加疑問文で確認する練習を行います。

3.3. 語句を加える活動

3.3.1 省略部分復活（音読）

「3.2.1 あなたも英語教師」(p. 97) で紹介したように，ショートアンサーには省略された部分がある。その部分が何であるかを常に確認する習慣を身につけておかなければ，生徒は省略された部分が何であるか分からなくなる。そこで，質問に対する答えの部分で省略されている語句が多い会話のページなどでは，この活動を行うとよい。

〔例〕

次の各（　）内には省略された言葉があります。それを補って Read and Look Up しよう。

Kenta: I like soccer a lot. Do you like soccer?
　Mei: No, I don't (　). I like tennis.
Kenta: You do (　)? I like tennis, too!
　Aya: Do you like pop music?
　Mei: Yes (　). I play the guitar.
Kenta: Oh, I have a guitar, too!

ONE WORLD English Course 1 平成24年版 pp. 40-41（教育出版）

〈解答例〉

Kenta: I like soccer a lot. Do you like soccer?
　Mei: No, I don't <u>like soccer</u>. I like tennis.
Kenta: You do <u>like tennis</u>? I like tennis, too!
　Aya: Do you like pop music?
　Mei: Yes, <u>I do like pop music</u>. I play the guitar.
Kenta: Oh, I have a guitar, too!

"ショート"や"クール"の答え方の省略部分を常に確認する習慣を身につけさせましょう。

3.3.2 穴なし穴埋め (音読) (1 文を伸ばす)

短い文には，省略された語句がよくある。それを見つけて復活させるという活動。省略された語句がどこにあるかは伝えず，生徒に自力で見つけさせるのがポイント。

〔例〕
このページの会話では，聞き手にとって分かりきったことなので省略した語句がたくさんあります。それを全て見つけ，書き出してみよう。

アヤとメイとケンタが外を歩いています。

Mei: I hate winter in Japan!
Aya: Why?
Mei: Because it's too cold outside.
Kenta: Really? I love winter!
Mei: I can't believe it. Why do you like winter?
Kenta: We have Christmas and New Year's Day.
　　　We get gifts and money.
Mei: That's true. But still, I hate winter.

ONE WORLD English Course 1 平成24年版 pp. 112-113（教育出版）

〈解答例〉

Mei: I hate winter in Japan!
Aya: Why do you hate winter in Japan?
Mei: I hate winter in Japan because it's too cold outside.
Kenta: Do you really hate winter Japan because it's cold outside? I love winter!
Mei: I can't believe it. Why do you like winter?
Kenta: I like winter because we have Christmas and New Year's Day.
　　　We get gifts on Christmas and money on New Year's Day.
Mei: That's true. But still, I hate winter.

4 理解 ▶ 暗記 ▶ 応用・発展

4.1. 教科書本文とは違う文を加える活動

4.1.1 言いかえ・書きかえ

本文の中で，他の表現に変えても会話の流れが変わらないものを見つけ，その部分を言いかえたり書きかえたりする活動。

なお，"Oh!", "Wow!", "Really?", "Aha.", "Uh-oh." のような間投詞（感動詞），"That's great.", "Come on." などの表現も，文脈や会話の流れから裏の意味を感じ取り，別の表現に変えてみる。例えば，"Oh!" ならば，"I've forgotten!" や "I didn't know that." "That's good news." など。"Come on." は，come が強く読まれるときは "Follow me.", on が強く読まれるときは "Give me a break." などに書きかえることができる。

〔例〕

インタビュアーとテイラーさんのセリフのうち3つを選び，ほぼ同じ意味になるように書きかえよう。

ONNのスポーツ・ニュースです。

Interviewer: This is Perry Anderson reporting from the Grand Prix of Figure Skating. Ms. Taylor, the Short Program didn't go well for you yesterday.

Ms. Taylor: No, I made two mistakes which lowered my score.

Interviewer: But you were excellent in the Free Staking this afternoon. What was the difference?

Ms. Taylor: There are always things which make me nervous. But today, I didn't feel any pressure.

Interviewer: Well, it was a beautiful performance. Congratulations!

Anchor: For more sports news, see our website at www.onn.com.

ONE WORLD English Course 3 平成24年版 pp. 70-71（教育出版）

〈解答例〉

- Ms. Taylor, the Short Program didn't go well for you yesterday.
  → Ms. Taylor, you didn't do well in the Short Program yesterday.（失礼な言い方！）
  Ms. Taylor, your score wasn't very good in the Short Program yesterday. など
- I made two mistakes which lowered my score.
  → I made two mistakes that lowered my score.
  I made two mistakes, and they lowered my score. など

- But you were excellent in the Free Skating this afternoon.
  - → But your performance was excellent in the Free Skating this afternoon.
    But your performance in the Free Skating this afternoon was excellent. など
- What was the difference?
  - → What made your score better?
    What was the reason? など
- There are always things which make me nervous.
  - → There are always things that make me nervous.
    I always have (some) things which make me nervous. など
- Well, it was a beautiful performance.
  - → Well, it was an excellent performance.
    Well, it was a great performance. など

4.1.2 相手のセリフを予想しよう

本文にいくつか文を加えるとすると，どこにどのような文が入りそうかを考える活動。

〔例〕
このニュースは，すぐにコマーシャルを入れないといけないので短くされています。もしコマーシャルがなくて，もう少し長くレポートするとしたら，①〜③にどんな文を加えますか。英語で書いてみよう。

Anchor: In our next story, a tornado has hit Springfield, Texas.
This is a photo a viewer sent to our studio.
Now let's go to our reporter Mike Jones in Springfield.
Mike, what's happening?

Reporter: Good afternoon, Wendy.
As you can see, this is the path the tornado took.
Many of the houses here were damaged. (①)

Anchor: Was anybody injured?

Reporter: Forty people were taken to the hospital. (②) (③)

Anchor: Thanks, Mike.
(To the viewers) When we come back, we'll have more on the tornado.

ONE WORLD English Course 3 平成24年版 pp. 66-67（教育出版）

〈解答例〉
① The tornado was incredibly strong.
② Twelve people are in serious condition.
③ This number may increase as time goes by.

4.1.3 行間や裏にある文を加えよう

「1.1.1 あなたも名探偵コナン」(p. 4) で考えた，行間にかくれた情報や文の裏にある言外の意味を英語で表すと，発展的な学習となる。

〔例〕
(1) I finished writing the essay yesterday. という文の裏にある意味は？
(2) It's hot here in Australia, but it's very dry. という文の裏にある，日本に関する２つの情報とは？

〈解答例〉
(1) 主人公は男性だとして，He started writing the essay before yesterday. や It took him more than one day to finish writing the essay. など。
(2) It's cold in Japan now. ／ In Japan, it's humid in summer.

4.1.4 推測後シャドーイング

　教科書本文を読む前に行う活動。まず，本文から一部のセリフや文を削除したものをテキストとして打ち出す。そして，そこに入っているであろう英文を推測させて書かせたあと，グループになってそれぞれが書いた英文を確認させる。その後，各グループに教科書のCD（をmp3などに落としたもの）とヘッドフォンを渡す。グループの１人がそれをシャドーイングし，他の生徒はそれをディクテーションすることで，推測した部分が正しかったかどうかを確認する。シャドーイングは輪番制でどんどん回していく。そして，最後に教科書を開いて答え合わせをする。その時が初めて教科書を見る時となる。

　聞き取りの力をつけたいのであれば，音の連結 (pp.66-69) が多いページや，during と drink のように聞き間違いやすい語があるページを選ぶ。文脈把握の力をつけたければ，会話文からセリフをいくつか抜いたり，ストーリーの後半をカットしたりするとよい。

　田尻の経験では，この活動は人気があり，授業終了のチャイムが鳴って挨拶をしたあとにまたやり始めたという映像も残っている。

4 理解 ▶ 暗記 ▶ 応用・発展

4.1.5 本文テレパシーゲーム（セリフを予想し，続きを書く）

　会話文の最後にAさんとBさんがもう1度ずつ何かを言ったと仮定する。ペアになりAさん役とBさん役を決め，それぞれのセリフを英語で書く。その際，お互いがどんなセリフを書いているかは見ない。Bさん役はAさん役のセリフを想像して応答を書く。一定時間が過ぎたらセリフを見せ合い，文脈が通っていたら合格。全然つながらなかったら，そのセリフの間のセリフをさらに作っていくという活動。

〔例〕

次の会話のあとで，ケンタとキング先生のセリフを1つずつ加えます。ペアでじゃんけんをし，勝った人がケンタ，負けた人がキング先生のセリフを考えます。ただし，お互いその文を見せてはいけません。最後に一斉に見せ合い，話が通じていたら，心が通じ合っています。通じていなかったら，2つの文の間にさらにセリフを入れて，話を完成させましょう。

キング先生が沖縄旅行の写真をクラスのみんなに見せています。

Ms. King: Look at the next picture. This is Shurijo Castle.
　Bob: A castle? Was there a king in Okinawa?
Ms. King: Yes, the Ryukyu kings built it. They lived there until 1879.
　Bob: I didn't know that.
　　Jin: Did you go to the beach?
Ms. King: Yes, and it was pretty hot. But I went snorkeling, and the water was a little cold. Here are some pictures of the fish.
　Kenta: Were there any sharks?
Ms. King: No, but there were a lot of clown fish.
　Kenta: (　　　　　　　　)
Ms. King: (　　　　　　　　)

ONE WORLD English Course 2 平成24年版 pp. 22-23（教育出版）

〈解答例〉

　予想される Kenta のセリフ：Did you eat the fish?
　予想される Ms. King のセリフ：Yes. These are the pictures of the clown fish.

残念！　この2文はかみ合っていない。これを書いた2人は心が通じ合っていない？　この2文の間を埋めるとすると，以下のようなものがある。

　Kenta: Did you eat the fish?
Ms. King: Oh, no. We don't eat clown fish, do we?
　Kenta: No. Well, did you take pictures of the clown fish?
Ms. King: Yes. These are the pictures of the clown fish.

4.1.6 本文の序章や続きを書こう

　教科書に載せられている会話の前後のやりとりを想像して書いたり，物語文の続きを書いたりする活動。本文の意味が理解できていて，文脈が自然であることが必要条件。オチがある文章で，オチの直前で終わっている文章が教科書に載せられている場合，この活動が最も有効である。

> 星新一さんのストーリーのように，結末やオチの直前で終わっている文章がこの活動に最適です。

〔例〕

次の会話の前日，ケンタは家でどんなことをお母さんに言ったのでしょうか。ケンタのセリフをよく読み，お母さんとケンタの前日の会話を想像して英語で書いてみよう。

夏休みも終盤のある日，ジンとケンタがサッカー部の練習を終えて話しています。

Jin: Oh, I'm tired.
Kenta: Are you free this afternoon, Jin? I want to show you around Asakusa.
Jin: Asakusa? Maybe....
Kenta: They have a famous temple there. Do you want to see it?
Jin: Not really.
Kenta: Then I want to take you to an *okonomiyaki* restaurant.
Jin: Okonomiyaki?
Kenta: It's like *chijimi*.
Jin: Oh, you mean *jeon*. Then let's go!

ONE WORLD English Course 2 平成24年版 pp. 36-37（教育出版）

Kenta: _____

Mother: _____

Kenta: _____

Mother: _____

Kenta: _____

Mother: _____

〈解答例〉

Kenta: Mom, I want to show Jin around Asakusa.

Mother: That's good.

Kenta: I want to buy some Japanese food for Jin.

Mother: Oh, you are going to buy him some food?

Kenta: Yes. So, please give me 1,000 yen, mom.

Mother: No way!

4.1.7 スキット作り

本文の流れに合わせて、オリジナルの会話文を作っていくという活動。

〔例〕

次の会話文を参考に、オリジナルのスキットを作ってみよう。

アヤとメイが誕生日について話しています。

Aya: When is your birthday?

Mei: It's November 12.

Aya: Is that right? That's only two weeks away!

Mei: I know. My mom makes a special cake for my birthday every year. It's chocolate with cherries on top.

Aya: Oh, no! Today is your unlucky day!

ONE WORLD English Course 1 平成24年版 pp. 80-81（教育出版）

〈オリジナルスキット例〉

A: When is your birthday?

B: It's August 2.

A: Is that right? That's eight months away!

B: I know. My mom makes a special dish for my birthday every year. It's *sekihan* with fried chicken on top.

A: Great! I love fried chicken!

4.1.8　なりきり英作文

会話文のいずれかの登場人物や架空の人物になりきって，オリジナルのセリフを作っていくという活動。他の登場人物のセリフは変えないのがルール。下の例は，リーさんのセリフだけを変えたもの。

〔例〕

次の会話文の登場人物の1人，Mr. Lee になりきって，オリジナルのセリフを作ってみよう。

Kenta: Welcome to our school, Mr. Lee! How was Kansai?

Mr. Lee: Wonderful! I loved the temples in Kyoto. And we ate some kind of Japanese pizza.

Kenta: You mean *okonomiyaki*. Was it good?

Mr. Lee: Yes, it was.

Kenta: Mei, were you with him?

Mei: No, I had a tennis match.

Mr. Lee: But Cathy met me in Osaka. We taught at the same school in Singapore.

ONE WORLD English Course 1 平成24年版 pp.130-131（教育出版）

〈オリジナルセリフ例〉

Kenta: Welcome to our school, Mr. Lee! How was Kansai?

Mr. Lee: Great. I tried some kind of food, and I loved it. It was like jeon ..., *chijimi* in Japanese.

Kenta: You mean *okonomiyaki*. Was it good?

Mr. Lee: That's it! It was very good!

Kenta: Mei, were you with him?

Mei: No, I had a tennis match.

Mr. Lee: Did you win, Mei?

4.1.9　自分に置きかえ英作文

登場人物がその本人のことを語っているページに向いた活動。その人物のセリフを，極力残しながら自分の話に置きかえる。

〔例〕

次の文は，キング先生が夏休みの計画をみんなに話しているものです。その表現を使って，自分の夏休みの計画を話してみよう。

　　Do you have any plans for the summer vacation? I'm going to stay with my friend, Lucy Green. She teaches in Yamagata. We're going to visit Yamadera. It's famous because Basho wrote some *haiku* there. Lucy loves his *haiku*. She bought some books about him. After Yamadera, she's going to take me to a *hiyashi-ramen* shop. I can't wait!

ONE WORLD English Course 2 平成24年版 pp.30-31（教育出版）

〈オリジナル作文例〉

　　Do you have any plans for the summer vacation? I'm going to stay with my grandmother, Tama Miyamoto. She lives in Shimane. We're going to visit Izsumo Taisha. It's famous for matchmaking. My grandmother loves *Izumo-soba*. She bought some books about it. After Izumo Taisha, she's going to take me to an *Izumo-soba* shop. I can't wait!

4.2. 和文英訳の活動

4.2.1 あなたも星飛雄馬

「1.2.4　あなたも星飛雄馬」(p. 10) で考えた心のつぶやきを英語で表してみるという，上級者向けの活動。「理解」と「暗記」の活動が終わってしまった生徒が，やることがなくて手持ち無沙汰になるといけないし，それらの活動が早く終わる生徒はさらに学力を伸ばしてやりたいので，このような発展的な活動を用意しておく。

4.2.2 勝手に英会話 A ／ B（英語編）

「1.7.2　勝手に英会話 A」(p. 37) や「1.7.3　勝手に英会話 B」(p. 38) で考えた合いの手や突っ込みを，英語で表すという上級者向けの活動。

4.2.3 年表・旅程表・図表追加情報英訳

「1.6.　表や地図などを用いた活動」(p. 30) で作った年表や旅程表，図表などに書かれた，教科書本文にはない付加情報を英語に直してみるという上級者向けの活動。

> 和文英訳をするときは，難しすぎる表現をより易しい日本語に置きかえたり，別の表現を使うなどの工夫をするよう促します。

4.3. プロジェクト型活動

4.3.1 本文に関する議論／自分の意見を書こう／感想を述べよう

本文を読んでの感想や意見を英語で書き，友だちと見せ合ったり（英語で）話し合ったりするという活動。

4.3.2 本文のトピックに関する調べ学習

本文のトピックに関して，インターネットや図書館で調べたことを英語でまとめ，発表する。

4.3.3 映画や英語の歌を使った発展的な学習

教科書本文に関連した映画や英語の歌を使い，教科書の内容に付加情報を与えていくという活動。映画のセリフや英語の歌の歌詞を紹介することで，さらにたくさんの英語に触れることも目指す。

第 2 章　教材および指導案作成の手引き

1　活動や教材を作る際の注意事項

2　教科書本文をどう理解させるか（ 理解 ▶ 暗記 ▶ 応用・発展 ）

3　教科書本文をどう暗記させるか（ 理解 ▶ 暗記 ▶ 応用・発展 ）

4　教科書本文をどう応用・発展させていくか

（ 理解 ▶ 暗記 ▶ 応用・発展 ）

5　キーセンテンス導入時の注意事項 （意味, 構造を理解させるステージ）

6　キーセンテンス練習時の注意事項

（構文や表現に慣れさせ, 使いこなせるようにするためのステージ）

この章のはじめに

　研修会や書籍で学んだ手法を自分のクラスでやってみても，うまくいかないことがあります。「この活動はあの先生だからこそできるんだ」などと諦めず，原因を考えてみてください。人から教えてもらった活動がうまくいかない場合は，研修会や書籍で伝えられなかった要素が原因となっている可能性があります。授業には細かいステップやコツがありますが，それを全て伝えるのは難しかったり，伝え忘れていたり，あるいは実践者本人がそのステップやコツを無意識にやっており，気づいていなかったりします。また，その時の生徒の気持ちがのっていなかったとか，教師の何気ない言動が生徒の気分を害したり傷つけたりしており，それに教師が気づいていなかったということもあり得ます。

　この章では，教科書本文およびキーセンテンスを使った活動や教材を作成する際の留意点について述べます。各項目は，大学で私が担当する英語科教育法を履修した学生が，活動案や教材を作成する際に参照しているものです。また，彼らの活動案や教材に共通してみられるミスも盛り込みました。

　大学の英語科教育法の授業で学生が提出した活動案や教材を点検してフィードバックを与える際は，詳述しているといくら時間が合っても足りません。そこで，次に紹介する留意点の記号（例えば"1－ア"や"1－ウ－4"など）を「分類番号」として書くことにより提出物チェックの時間短縮を図り，学生はその「分類番号」の項目を読んで教材を改善しています。中高で教鞭を執っておられる先生方にも，活動や教材を作られる際の参考になれば幸いです。

　なお，「1 活動や教材を作る際の注意事項　約束事，マナー，常識，思いやりなどに関する注意事項（ソ）〜（ハ）」は直接読者の方々の授業改善にはつながりませんが，私が学生の提出物によく書き込むものですので，ご参考までに載せておきました。

1 活動や教材を作るときの注意事項

■ 活動・教材に関して

(ア) 知的な楽しさ

　　活動は知的な楽しさがあり，生徒を惹きつけ，力をつけるものでないといけない。全ての活動が，知的で楽しいか，伸長感，成就感を味わえるかなどを検証する。生徒の気持ちや反応を推測しよう。

(イ) 活動を活発化させる要素

　　活動が活発化するには，生徒の頭と心が動かなければならない。①**意外性**，②**知的な面白さ**，③**推理・推測**，④**制限時間と目標数値**，⑤**伸長感**，⑥**達成感**，⑦**記憶**，⑧**発見**，⑨**教科横断**，⑩**自分のこだわり／人との違い**，⑪**結果・結末への期待**などが，生徒が食いついてくるキーワード。

(ウ) 活動の形態（ペア・グループ活動の留意点）

　　(1) 活動は，だれがやるのか明確に。ペア学習やグループ学習がいいのか，個別学習のほうがいいのかなどをしっかりと考える。(2) そして全員が全ての文を学習できるように配慮する。(3) ペアやグループ，あるいはクラス全体でドリルをする場合は，個々の練習量を確保する。(4) 一生懸命やっている生徒に任せてしまい，何もしていない生徒がいるという状況を作らない。また，(5) 活動が終わった生徒が手持ち無沙汰な状況にならないよう，次の手立てを用意しておく。活動が終わった生徒が手持ち無沙汰になり，集中力が途切れ，教師に叱られるということになれば，頑張った生徒が叱られる結果となり，生徒との良好な人間関係や信頼関係は築けないし，ひいては授業崩壊につながる。終わった生徒が次に何をすればよいかを，常に考えよう。

(エ) 活動の効率

　　(1) 時間がかかる割に練習量が少ないという活動は避ける。「生徒は授業を楽しんでいるけれど，英語力がつかない」という現象が生じる。(2) 特にカードを使ったゲームや絵を描かせる活動は，準備に時間がかかる割に練習量が少なかったり，「聞く・読む」だけのインプット活動だったりすることがある。ALTはこの点が弱いので，非効率的なゲームや活動は，その旨を伝えて改善させる。また，(3) 本文とは関係ない，英語力の伸長に寄与しないと思われる活動は特に高校では敬遠される。

(オ) 活動の説明

　　インタビューゲームや，カードや絵，道具などを使った活動は，ルールややり方が複雑で説明が長くなったり，生徒がよく分からなかったりすることのないようにする。説明文が10行を超えるよう

な活動は，多くの場合，生徒はその手順を理解できないし，説明に時間がかかってしまい，活動もスムーズに流れない。

(カ) 未習表現と解答例

活動やドリルを作成するときは，(1) 教科書や教材を手に取って未習表現がないかを確認し，(2) どのような項目（問題）を挙げれば生徒が目標表現を使うかを考えて全ての問題を書き出し，(3) 同じ語句が繰り返し出ていないか，語句のバリエーションはあるかを確認したり，実施可能な学習活動・言語活動であるかどうかを判断したりする。(4) 予想・期待される生徒の答えは必ず全て書いてfeasibilityを確認する。(5) 未習語を多く必要とする活動は避ける（生徒が自主的に未習語を使おうとする場合は，適切な表現をタイムリーに導入したり，辞書を積極的に使うよう勧めたりする）。

(キ) 英文の authenticity

文法的には正しいが，不自然な英語には英×と書いてあるので，再考すること。いつ，どのような場面で使うかを考え，あり得ない英文を練習させないこと。「日本語⇔英語」という翻訳作業だけをしており，英文を感じる習慣が身についていない人は，よくこのミスをする。常に自分が書いた英文の意味を味わい，authenticityを確認しよう。

〔例1〕 You will study tonight.　あなたは今夜勉強するだろう。（予言？）
〔例2〕 I stop swimming.　私はふだんから泳ぐのをストップします。
　　　※現在形は，「ふだんから」，「現在」などの意味があり，I stop swimmingはそれだけでは文が完結せず，when I can't breathe など，まだあとに続く感じがする。

(ク) 教師の英語力

教師手作りの問題のほうが，教師の努力する姿勢が生徒に伝わるが，(1) 教師の英語力が低いと，間違った英文を練習させる可能性がある。特に受動態や助動詞，後置修飾ではそれが顕著に表れる。あり得ない文を書いたり練習させたりしないこと。(2) 教師の英語力は，教師が（学生時代に）英語学習をした時，どれほどアウトプット（特にライティング）をしたかに大きく左右されている。間違いを知り，修正し，修正したものを暗記するというプロセスを体験させる先生に教わっていない人は，見えない病巣のように今でも間違いをもち続けている。学生時代に間違うことは恥ずかしいことではないが，(3) その間違いを知らずに教壇に立つと，生徒や保護者の信頼を失う。Stage 1 (p.137) の教材作りをすると，中高の英語が理解できていないことが判明することが多いので，学生である間に教材作りを通して間違いを早く吐き出してしまおう。そして，日々，英語力を高める努力をしよう。

(ケ) 中高生の発達段階に応じる

小学校の教員を志望する学生は活動作りがうまいが，小学生向きの活動を作ることがあるので，中学生の心理を考えること。一方，中高の教員志望の学生は予備校的な問題を作る傾向が強く，文法事項も中高の区別がついていないことが多い。発達段階に応じた活動を考えよう。なお，高校時代に大学入試用演習ばかりしていた人は，4技能を統合した活動の勉強に力を入れてください。

■ 授業の形態に関して

(コ) Student-centered

英語は技能教科。教師が出しゃばらない。生徒同士でできることは生徒同士で。生徒が学習してこそ個々の練習量が確保でき，学力が伸びる。Teacher-centeredではなく，student-centeredな授業作りを！

(サ) 全体発表

全体発表やスピーチ，前に出て発表などは本当に必要か，必然性があるかなどを考える。リスナーが聞きたいと思わない発表や，学習ではなく単に何かを披露するだけの発表は無駄な時間を作り出すし，全体発表することで他の生徒は参加しなくてもよくなったり，他の生徒が活動を止められることになったりする。

だれかを指名して発表させることは，以下のいずれかを目的としている。
① 解法・解答を共有する
② 異なる意見や考え方，答えを知り，刺激を受ける
③ 発表を聞いて，自分ももう一度チャレンジしたくなる

これらの条件のいずれかを満たしていないと，指名されてみんなの前で発表している生徒は必死だが，他の生徒は聞いていないという状況が生まれる。聞き手を全員巻き込んでこそ意味がある。

また，①〜③を満たすためには，生徒が活動している時に教師が観察して周り，アドバイスを与えながら正解を引き出したり，意外な答えを言う生徒を発見したりしなければならない。そしてそれらの生徒を褒め，自信をもたせた上で指名の確約をしておく。そうしなければ，答えが分からない生徒が指名され，全員の前で恥をかくことになる。成功体験を重ねてこそ学習意欲は向上するし，その逆もまた真なり。

(シ) インタビュー活動の留意点

インタビュー活動をさせるときは，必然性と動機づけが必要。(1) 絵を見るだけで答えが分かって英語を使う必然性がなくなったり，(2) 尋ねる必然性や答える必然性を感じなかったり，(3) 言う必然性を感じない文があったり，(4) インタビューするうちに飽きてきたりということがないように。まず(5)「知りたい」，「知ってもらいたい」という気持ちを引き出し，それを英語でやらなければならないとなったとき，生徒は英語を使い始める。

■ 生徒指導面

(ス) してはいけないこと

生徒の身体的特徴や名前などを使って導入・練習すると，その生徒は傷つく可能性がある。

(セ) 個人情報など

(1) クラスのメンバーを引き合いに出した活動は，生徒が傷ついたり，いじめにつながったりする

おそれがあるので，極力避ける。(2) また，家族紹介や住んでいる場所，将来の夢やなりたい職業など，個人的な話題を強制してはならない。生徒の中には，それらのことについて語りたくないときや，個人情報をクラスメートの前で発表させられるのは苦痛だと感じる場合がある。代替案はたくさんあるので，それらを利用する。

■ 約束事，マナー，常識，思いやりなどに関する注意事項

(ソ) 採点拒否！
　　この「教材および指導案作成の手引き」を読まずに活動案を書いたと思われるぐらいミスがあるときは，採点しない。

(タ) 見出し
　　(1) 教科書本文を使用した活動案・教材には，教科書名，タイトル（何年のどのLessonか，どのパートか）を書き，(2)「何本目」の「何回目」であるかを明記し，(3) 複数出す際は番号の若い順に並べ，(4) それぞれの学習段階が「理解 → 暗記 → 応用・発展」のどの段階にあたるのかを明記し，教材もつけること。
　　〔例〕OW 2年 L4P3（Lesson 4 Part3） 2本目1回目

(チ) キーセンテンスの教材作成の3段階
　　キーセンテンスの活動や教材を作る際は，Stage 1, 2, 3（p. 137～ 参照）のドリルや活動，教材を作成して提出する。(1) タイトル（文法事項は何か）を書き，(2)「何本目」の「何回目」であるかを明記し，(3) 複数出す際は番号の若い順に並べ，(4) それぞれのドリルや活動には，Stage 1, Stage 2, Stage 3と明記し，どの段階のドリルや活動であるかを確認すること。(5) Stage 1は2題×5問作成する。Stage 1, 2, 3の違いについては，6－ア，6－ケ，6－シを参照。
　　〔例〕関係代名詞目的格that　3本目2回目

(ツ) 活動一覧表
　　教科書本文やキーセンテンスを使った活動案や教材は，必ず活動一覧表と教材を添付して提出し，同じ活動をしていないことを確認しよう。

(テ) 指示文と模範解答，色ペン
　　教材案には，(1) 生徒用の指示文と模範解答を必ず書く。(2) 解答は別紙にすると見づらいので，問題とは異なる色のペンなどで解答欄に直接書き込む。(3) 赤ペンは使用禁止。

(ト) 修正
　　(1) 活動や教材のミスを指摘されたところを修正する際は，青ペンを使って加除修正し，もとのプ

1 活動や教材を作るときの注意事項

リントとともに提出すること。もとの案を消さないように。(2) ごちゃごちゃしていて読みにくい場合は，書き直そう。また，(3) 書き直したところは付せんをつけよう。常に読み手を意識することが大切。

(ナ) 提出物の礼儀作法

読み手を意識して活動案を書く。(1) 指示文が分かりにくいと生徒は動けないし，企業の会議では読んでももらえない。(不自然な日本語には，日×と書きます) また，(2) メモと違って提出物は人に読んでもらうもの。丁寧に字を書くことも，相手を思いやるコミュニケーション能力の一部。字が下手だと，板書をしたら生徒が幻滅する。(3)「過去形」を「カコ形」と書いたり，「疑問文」を「ギ問文」などと書いたりするのは，自分用のメモならよいが，提出物ではふさわしくない。また，(4) 提出物が複数ある場合，ホチキスやクリップでとめて出すのも思いやりであり，常識でもある。ばらばらになってだれのプリントか分からないものや無記名の教材は，採点できても記帳できないので，ホチキスやクリップでとめていない提出物は受け取ってもらえない。こういうことをふだんから意識しておかなければ，就職活動で失敗する。言葉をどう使えば読み手や聞き手が心地よくなるか，気分が悪くなるかを考えることは，言語学習の究極の目的。

(二) 剽窃(ひょうせつ)

英語科教育法の授業で教わった活動や，市販されている教材の中にある活動をそのまま流用して教材を作ると，「剽窃」になる。何か付加価値をつける，一部を変えて使うなど，オリジナリティを入れること。なお，現場に出たら，授業で教わった活動をそのまま使うことは全く問題ないが，教材をコピーして使うと違法となり，処罰される。教育のためであれば，市販の教材をコピーして使ってよいなどという考えは通用しない。著作権法を知っておこう。

(ヌ) 記号の見方

返却された自作教材や提出物に赤ペンで書いてある記号の意味は，以下のとおり。

① 「数字－カタカナ」〔例〕1－カ－1
 　1．活動や教材を作るときの注意事項，(カ) 未習表現と解答例の (1) を参照。
② 「アルファベット－数字」〔例〕D－3
 　『自己表現お助けブック』p.36のD－3の項目を参照。
③ 「ど－数字」〔例〕ど1－41
 　『自己表現お助けブック』p.23の"どどい表現集その1"の41番参照。
④ 「パ－数字」〔例〕パ－13
 　『自己表現お助けブック』p.9の"パンチゲーム"13番参照。
⑤ 「数字＋アルファベット」〔例〕2－C
 　語順表(p.60)の2－C，または『自己表現お助けブック』p.5の語順2－Cを参照。
 　　※『自己表現お助けブック』(教育出版)は，中学で学習する文法事項などをまとめたもの。

(ネ) 文言の確認

　　　語，句，節，文，文章の意味は，以下のとおり。

語：単語

句：2つ以上の単語が連なってある意味を表すもの

節：文法で，文を構成する部分で，主語と述語を具えているもの。「従［属］―」「主―」

文：文法上の言語単位の1つ。1語またはそれ以上の語からなり，ひと区切りのまとまりある考えを示すもの。文字で書くときは，ふつう「。」(句点)でその終わりを示す。センテンス。

文章：文法で，文よりも大きな単位。1文だけのこともあるが，通常はいくつかの文が集まって，まとまった思想・話題を表現するもの。

(ノ) グループでの点検

　(1) 教材案を提出する前に，グループで点検し，実際に自分が作った活動を他のメンバーに体験してもらい，フィードバックをもらう。そして，それを参考に修正して満点が取れると確信したものを提出すること。(2) したがって，グループのメンバーの理解度も大きなポイントとなるし，グループ内での話し合いが充実していないと，点数をアップするチャンスが1週間遅れる。(3) 提出した教材が返却されたら，点数とコメントをグループ内で確認すること。採点の観点を共有することで，次回提出時の点数アップを目指そう。

(ハ) 他グループとの交流

　　　グループに高得点を取る人がいない場合，グループを解散して他のグループに入れてもらったり，ポイントを稼いでいるグループに行って観点を教えてもらったりしないと，永遠に点が取れない。近くの人ばかりでなく，他のグループに行って参考にさせてもらうなど，たくさんの人と交流しよう。

2 教科書本文をどう理解させるか
（ 理解 → 暗記 → 応用・発展 ）

■ 発問，和訳，タイミングに関して

(ア) 発問の深さ

　　読解は発問が命。発問がよいと，生徒は何度も何度も本文を読み返す。いい発問をするためには，まず教師が英文を味わい，そのパートならではの使用法がないかを考える。教師が行間を読み，文のconnotationやimplicationを読み取る。各文の意味をとることは最低限必要なことであり，いい授業をするためには，さらに深い質問が必要。そういう質問は生徒の答えに違いを生み出し，自然発生的なディスカッションが生まれる。自分が作った発問・指示が，知的で楽しいか検証してみる。

(イ) 行間や言外の意味を読む問題の解答の裏付け

　　例えば「1.1.1　あなたも名探偵コナン（裏情報を探せ）」(p. 4)では，勝手な想像で答えを作ってはならず，証拠となる語句や文，イラストなどを模範解答に書かなければならない。

(ウ) 無意味な発問

　　英語と関係ない発問はダメ。英語のリーディングにもライティングにもならない発問をしない。イラストから得た情報を日本語で書かせても英語力は向上しない。英語の勉強をさせないといけない。

(エ) 概要把握と精読

　　自分が考えた読解のための質問で，生徒が全ての文を読むようになるかを確認する。もし発問が本文の一部にフォーカスしていて全体をカバーしていない場合は，複数の発問を用意するなどして全ての文を読むように仕向ける。「理解」の段階では，①**アウトラインをつかむ活動**と，②**全ての文の意味・構造を理解する活動（精読）**があるが，②は必ず保証しないといけない。「理解」の段階では概要把握にとどめ，「暗記」の段階で精読をさせる方法もあるので，その場合は，"精読は「暗記」の部分で行う"のように活動案や指導案に記すなどして，精読を保証していることを確認する。

(オ) 文単位の和訳とセンスグループ訳

　　授業の予習として，ノートに本文を写し，その下に文単位の和訳を書いてくるという宿題で生徒の英語力が伸びないことは，英語教育の歴史が物語っている。単文は和訳しても問題ないが，複文や後置修飾を含む文は，センスグループごとに上から意味をとることはできても，きれいな日本語にするのは難しい。文単位の和訳は，音読などを繰り返して英文が体に入ったあとで，「この状況・気持ちを日本語でいうと，どんな表現にあたるのかな」と思った時にやってこそ効果がある。和訳は芸術であり，それを楽しもうと思えば，英文を完全に理解していなければならない。したがって，予習

の段階で文単位の和訳をさせるのはナンセンス。そういう宿題が出ると，生徒は指名されたときに何も言えないとまずいと思い，完全に理解していない文もとりあえず和訳をしようとするので，ノートには不自然な日本語の羅列が始まる。予習としてセンスグループ訳を課すのはOK。

(カ) 教科書を開くタイミング

　　教科書をいきなり開かせてはいけない。教科書にはイラストや写真など，本文を読解するためのヒントがたくさんある。入試の長文読解問題には，そのような手助けはない。したがって，最初はテキストのみを打ち出して読ませ，英文から情景や登場人物の心情・性格などを想像させる。ただし，イラストや写真を有効利用して読解させるべきページもあるので，見極めが必要。

(キ) CDをかけるタイミング

　　教科書を開き，いきなりCDをかけたり教師が音読したりしないこと。それは，文字を心の中で音声化して意味をとろうとする姿勢を奪ってしまう可能性がある。入試では文字を音声化できなければ長文読解などはできない。まず黙読させて，その後CDなどを使って脳内での音声化が正しくできたかどうかを確認するのはOK（リーディング）。教科書を閉じたままCDを聴いて内容把握し，その後教科書を開いて理解度を確認するのもOK（リスニング）。

■　各活動に関して

(ク) Check of Understanding

　　教師が生徒を指名し，本文に関する質問を英語で行い，生徒に英語で答えさせるという活動は，面白くもないし，生徒にはプレッシャーがかかり，英語が好きになる要素はほとんどない。その上，答えることはできるが，質問ができない生徒をたくさん生み出す。「理解」，「暗記」，「応用」の3つを兼ね備えた「3.2.1　あなたも英語教師」(p. 97)のほうがはるかに有効。

(ケ) スラッシュ入れの活動

　　連続する前置詞や，overのように前置詞と副詞の両方の働きをする語を含む文は，どこで区切るかに関して意見が分かれることがある。そういう場合，「1.9.1　スラッシュを入れよう」(p. 44)という活動をすると，答え合わせの際に生徒の間で自然に議論が起こる。

(コ) 合いの手の有効性

　　「1.2.4　あなたも星飛雄馬」(p. 10)，「1.7.1　合いの手を入れよう」(p. 36)や「1.7.2　勝手に英会話A」(p. 37)，「1.7.3　勝手に英会話B」(p. 38)などのセリフは，(1) 確実に本文を引き出せるものでないといけないし，本文の意味が分かっていると認められるものでないといけない。「何を？」「それで？」などは，どの文にでも使えるが，それらを手がかりに本文を暗唱することはできない。(2) 作成した合いの手や「勝手に英会話」のセリフを見ながら全ての文を暗唱できるか，だれかにお願いしてやってもらうと，その合いの手やセリフの有効性が分かる。

2 教科書本文をどう理解させるか

(サ) 活動の難易度：あなたも活弁士

「1.4.3 あなたも活弁士」(p. 20) で加えるセリフは，1文ごとではなく1ターンごとにすることが多いので，1つのセリフで複数の文を思い出さなければならない高度な活動。長い文が続くページには向かない。この活動を行うときは，次の英文が何だったか思い出せないときに備えて，「1.7.1 合いの手を入れよう」(p. 36) や「1.7.2 勝手に英会話A」(p. 37) を併用しておくほうがよい。

(シ) 活動の難易度：あなたも星飛雄馬／勝手に英会話

(1)「1.2.4 あなたも星飛雄馬」(p. 10)，「1.7.2 勝手に英会話A」(p. 37)，「1.7.3 勝手に英会話B」(p. 38) などは，1文ごとにセリフを入れること。そうしないと「暗記」の段階で1つのセリフで複数の英文を思い出さないといけないケースが出てくるので，英語が苦手な生徒にとって負荷が大きい。(2) andやbutで結ばれている文は2文として考え，それぞれを引き出すセリフを入れる。

(ス) 活動の難易度：勝手に英会話A・B

(1)「1.7.2 勝手に英会話A」(p. 37) で，本文を1文ずつ和訳して，それを疑問文にしたものをAさんのセリフとして並べたら初級編。直接的な和訳ではなく，ウィットに富んだものが上級編。

〔初級編の例〕 A: 今年野球の歴史が作られたんですか？
　　　　　　　　B: Baseball history was made this season.
〔上級編の例〕 A: 今年の野球界は大記録が生まれましたね。
　　　　　　　　B: Baseball history was made this season.

(2)「1.7.2 勝手に英会話A」(p. 37) と「1.7.3 勝手に英会話B」(p. 38) では，単なる和訳をしてしまう生徒もいるが，教師はウィットに富んだ模範解答を用意しよう。

(セ) 活動の難易度：センスグループ合いの手音読

1文が長い場合はセンスグループが多いので，文の途中で次の語句を思い出させるためのセリフを何カ所か入れる「1.7.1 合いの手を入れよう」(p. 36) を使ったほうがよい。

(ソ) 絵やイラストを描かせる「理解」の活動の留意点

絵やイラストなどを描かせるのは，よほど簡単に描けて，さらに全ての文をカバーできる場合に限る。自分でも全ての絵を描いてみて，どれぐらい時間がかかるかを予測して，feasibilityをチェックする。したがって，活動案には全ての文を絵やイラストにしたものを載せておくこと。

(タ) 教師が絵やイラストを用意する「理解」の活動の留意点

「1.5.1 コマ割りマンガ」(p. 24) のように，教師が絵やイラストを用意して，それらを並べかえる形式の読解をする際は，絵を描いた上で全ての文をカバーしているか，feasibilityは高いかなどの判断をする。例えば8つの英文がある文章なのに絵は4コマしかないという場合は，複数の情報を含むコマが必要。

(チ) 絵やイラストを使った活動の留意点

　　1つの絵やイラストで複数の文を思い出させるのは，英語が苦手な生徒にとって負荷が大きい。イラストだけでなく，数字や記号，漢字，ちょっとした語句を書くなどして，「暗記」の活動を行うときに全ての文を思い出せるような手立てを講じておく。グループでそのイラストを見ながら全ての文を暗唱できるかやってもらうと，そのイラストの有効性が分かる。

(ツ) Narrative な文章の活動

　　物語形式のストーリーでは，どのような演技をさせるかを書かせる「1.3.2　手話読解」(p. 15) や「1.4.2　あなたもスピルバーグ」(p. 19)，「1.4.5　大道具・小道具を書き出そう」(p. 22) が常套手段。1つ1つの文に対してどのような演技をさせるか，どのような小道具を用意するかを詳細に書かなければならない。

(テ) 「1.4.1　場面（シーン）とカットはいくつ？」(p. 18) の留意点

　　映画のシーンやカットの数を数える活動では，アウトラインはつかめても1文1文をしっかり理解しているかは不明なので，「概要把握から精読へ」という流れを考えてみる。

(ト) 数の指定

　　「このページから分かることをなるべくたくさん書きなさい」よりも，「12個書きなさい」などと数を指定するほうが生徒はより真剣になる。その際，表面的に読解すれば分かることに裏情報を含めた数字を設定する。

(ナ) 並べかえ問題の留意点

　　文の整序問題は，起承転結の流れやキーワードとなる接続詞や代名詞がないと難しい。ただし，並び順に複数の可能性がある問題でディスカッションを誘発し，教師の意図するところへ持って行きたい場合は可。また，並べかえをするときは，解答のみならず，なぜその順番になるかを論理的に説明した解説を含めること。

(ニ) 「ジェスチャー音読／アフレコ音読／手話音読」の留意点

　　「2.4.1　ジェスチャー音読・アフレコ音読」(p. 77)，「2.4.2　手話音読」(p. 77) は「理解」と「暗記」を兼ねた効果的な活動だが，動作動詞と具体的な事物を表す名詞が多いページでないとできない。ジェスチャーの有効性を確認するため，活動案にはジェスチャーのポイントや演技のしかたを必ず詳細に書くこと。

(ヌ) 「視線確認音読」の留意点

　　「1.3.3　視線はどこだ」(p. 16) は，その視線の動きを演じるだけで本文が1つずつ思い出せるほど特徴のあるページに向いている。AさんとBさんの顔を交互に見るだけの会話では，視線だけを頼りに本文を思い出すことはできない。

(ネ)「漢文音読」の留意点

　「理解」の段階における「漢文和訳」は効果的な活動だが, 時間がかかるので家庭学習にするほうがよい。また, 漢字を知らないとできないので高校生向きの活動であり, 中学生は教師が漢文和訳したものから数カ所漢字を取り除いて空欄にしておき, 穴埋めをさせる程度がよい〔→「1.10.1　漢字を入れよう (漢文和訳)」(p. 48)〕。なお, 教師が漢文和訳したもの見て暗唱するのは, 「暗記」の活動〔→「2.6.5　漢文音読」(p. 83)〕。

(ノ)「あなたもジャパネットたかた」の留意点

　「1.5.2　あなたもジャパネットたかた」(p. 26) では, 強く読む語を丸で囲むという作業が先決。それらの語だけでストーリーが見えるというものを選んで丸で囲み, 強調する単語の直前にポーズを入れることが, 本文の意味理解を促すことになる〔→「1.10.2　あなたも指揮者：どの語を強く読めばいい？」(p. 50)〕。名詞, 動詞, 形容詞, 副詞が基本的に強調されるが, 「あなたもジャパネットたかた」ではそれ以外の語句が強調されることもある。

(ハ) 困ったとき用の活動

　「1.9.2　センスグループ和訳 (ランダム和訳)」(p. 45), 「1.11.1　ご当地和訳」(p. 53) などは効果があるが, どのページでもできるし毎回やっていたら飽きるので, 他にいい活動案が浮かばなかったとき用にとっておく。

(ヒ) 適語補充

　本文の内容を理解させるための活動として数カ所を空欄にしておき, (　　) 内に適語を補充させる場合, (1) 理科や社会などの授業で得た知識や一般常識など, 生徒にとって既得の情報や知識を使って答えられるものでなければならない (そうでないと答えられない)。また, (2) 繰り返し出てくるキーワードを空欄にする場合, 単数形や複数形, 時制の違いなどは, ヒントとして書き加えておく〔「1.8.1　キーワードを当てろ」(p. 42)〕。

3 教科書本文をどう暗記させるか
（ 理解 → 暗記 → 応用・発展 ）

■ 音読に関して

（ア）暗記の活動の定義

(1)「暗記」とは，文字どおり教科書本文を暗記させ，暗唱できる，あるいは書くことができることを目指す段階。日本の英語教育はこの部分の工夫が欠けている。「暗記」段階の活動としては音読や筆写などがあり，(2) 数値目標と制限時間を設定することで生徒は夢中になる。制限時間は，教師がゆっくりやってみてかかった時間に5～10秒足すなどして設定する。

（イ）音読のタイミング

音読は英文の意味が分かっていてこそ効果がある。あるいは，音読するうちに理解が深まるという計算の上で実施してこそ意味がある。教科書本文の意味を確認することなくCDを聞かせ，その直後にCDや教師のあとについて音読することには，ほとんど効果はない。これは，漢文や古文を意味も分からず暗唱しようとするのと同じ。

（ウ）教師の音読

教師が "Repeat after me." と言って間違った発音やアクセント，ストレスなどをリピートさせると負の遺産相続の開始。発音トレーニングが不十分なら，安易に教師が音読せず，CDを使うなどする。

（エ）音読の意味

(1) 音読には，①個々の生徒が正しい発音・イントネーションで読めるよう指導する，②暗記するために大量に音読練習をさせる，③その成果を確認する，という3つの段階がある。学校でしなければならないことは，①と③。①がなされていれば，②は家でできる。(2) 特に①はとても重要であり，①をせずに②を行うと，間違った発音を自分自身に刷り込んでしまうことになる。音読は，意味・構造を理解した上で行うと応用できる文のストックを増やすことになり，正しい発音で音読すれば英語らしい音を自分の耳にたたき込むことになる。発音がうまい生徒は，リスニングが強い。その逆もまた真なり。

（オ）ペア・グループでの音読の留意点

ペア／グループ／クラス全体で音読などによる「暗記」の活動を行う際は，楽しく活動する中で全ての生徒が全ての文を覚えてしまうような工夫が必要。自分の担当する文だけを覚えて終わったということのないように。AさんとBさんの対話なら，「対話文を暗記したら，先生の前で暗唱しましょう。ただし，AさんとBさんの役はその場で先生が決めます」と伝えておかないと，どちらか一方のセリフしか暗記してこないことがある。

■ 各活動に関して

(カ)「音節指さし音読」の重要性

中1の1学期はまだ単語が読めないので,「2.1.1 音節指さし音読」(p. 56)を繰り返し,単語は音を表すいくつかのかたまり（本書ではあえて「音節」と表している）に分けられることを意識づける。例えば日本語の「承る」は「承」という文字全体で「うけたまわ」という音を表しているが, studyであれば, s［ス］t［トゥ］u［ア］d［ドゥ］y［イ］が合体して［スタディ］という音を表している。s［ス］tu［タ］dy［ディ］と音節ごとに読んだり書いたりできる生徒は, つづりのミスが少なかったり未習語が読めたりする。

(キ)「音節指さし音読」の留意点

「2.1.1 音節指さし音読」(p. 56)は「理解」に近い活動なので, 他の音読と併用などするなどして暗記を保証しなければならない。

(ク) 速く読むことの危険性

「速く読む」という活動は, 1つ1つの語を正しく読めるようになってからでないと, 音が崩れて逆効果になる。それに, 早口が苦手な生徒もいる。早口ができなくても会話はできる。

(ケ) シャドーイングの留意点

「2.1.4 Shadowing（シャドーイング）」(p. 66)は, 母音で始まる語が多いページに向いている。母音で始まる語が多いと, 音の連結やリエゾン, 脱落, 同化など多くを体験させることができるので, それらが多く見られるページを探す。ただし, いきなりシャドーイングをさせると, 生徒はついてこられなくて英語が難しいと感じるようになることがあるので注意する。初学者は, 1文1文をゆっくりでもいいので, 正しく読めるようになってからシャドーイングを行う。また, 速く読まれているものをシャドーイングすると, 発音が崩れる生徒がいるので, 無理はさせないこと。そういう生徒には, 教師がゆっくり読んでやり, それをシャドーイングさせるという方法もある。ただし, 教師の発音が正しい場合に限る！

(コ) Read and Look Up に向いたページ

「2.1.3 Read and Look Up」(p. 66)は長い1文があるページで有効。長い1文を覚えようとすると, 自然にセンスグループに分けて意味を確認するという作業が脳内で行われる。活動が終わった生徒には, 脳内で描いたイメージを図式化させると面白い。文法学習は楽しいもので, 教師はその楽しさを知っている人たち。その中で授業が下手な人は解説して黒板に書き, 生徒に写させる。授業がうまい人は, 生徒が考え, 気づくように仕向け, 生徒に文法学習の楽しさを感じさせる。

(サ) イラストやマンガを使った活動の留意点

「2.5.1 イラスト・写真・表・地図音読」(p. 78)や「2.5.2 マンガナレーション音読」(p. 80)

第2章　教材および指導案作成の手引き

をさせる際は,「1.5.1.　コマ割りマンガ」(p. 24)のように,全ての文が復活できるような手がかりを入れておかなければならない。

(シ) 暗唱活動の前の暗記のための音読

「2.1.3　Read and Look Up」(p. 66),「2.2.2　勝手に英会話A」(p. 72),「2.2.5　(超詳細)ト書き音読／あなたも活弁士」(p. 74),「2.3.2　あなたもジャパネットたかた／あなたもニュースキャスター」(p. 75),「2.4.4　あなたも落語家」(p. 77),「2.5.2　マンガナレーション音読」(p. 80),「2.6.1　文頭数語ヒント音読」(p. 80),「2.6.2　キーワード音読」(p. 81)などは,まず1文1文が言えるようになってからでないとできない。「1.9.2　センスグループ和訳」(p. 45),「2.2.1　センスグループ合いの手音読」(p. 71),「2.6.4　図形『日本語ヒント・頭文字・英文構成要素ヒント』音読」(p. 82),「2.6.5　漢文音読」(p. 83)など,暗唱させる前に暗記のための音読が必要。

(ス) 「勝手に英会話B」の留意点

「2.2.2　勝手に英会話A／まちかど情報室／別室指示音読／音声ガイド音読」(p. 72),「2.4.1　ジェスチャー音読・アフレコ音読」(p. 77)は,日本語のセリフを聞いたりジェスチャーを見たりして英文を思い出す活動なのでやりやすいが,「2.2.3　勝手に英会話B」(p. 72)は英文のあとにセリフを入れる活動なので,「暗記」(暗唱)の活動を行う際は,Bさんのセリフを見てAさんのセリフを思い出すように指示する。

(セ) 「品詞別穴埋め音読」に向いたページ

「2.6.6　品詞別穴埋め音読」(p. 84)はある程度の量の英文がないとできないので,高校の教科書のほうがやりやすい。中学校では,1つの連続するストーリーが展開されている単元で実施できる。

(ソ) いい活動案が出ないときの活動

「2.1.3　Read and Look Up」(p. 66),「2.1.4　Shadowing」(p. 66),「2.1.6　同時通訳」(p. 71),「2.6.1　文頭数語ヒント音読」(p. 80),「2.6.2　キーワード音読」(p. 81),「2.6.3　メモ音読」(p. 81),「1.11.1　ご当地和訳」(p. 53)などは,どのページでもできる。どうしてもアイデアが浮かばなかったときはこれらの活動で逃げてもよいが,まずはそれぞれのページならではの活動を編み出すよう心がける。

(タ) 〈音＋文字＋意味〉の暗記

「2.1.3　Read and Look Up」と「2.1.4　Shadowing」は,ただ単に音や文字だけを覚えているだけの場合があるので,本文の意味をかみしめながら行うようにしかける必要がある。「暗記」の段階でシャドーイングまたはRead and Look Upを単発で行う際は,生徒が英文の意味も確認しながら行うようにする手立てを指導案・教材案に書くこと。

4 教科書本文をどう応用・発展させていくか

(理解 → 暗記 → 応用・発展)

■ 全体的な注意事項

(ア) 習熟度別の活動

　教科書本文を読んだあと，どのような応用・発展の活動ができる単元かを判断する。無理をして全てのパート／セクション／ページごとに応用・発展の活動をする必要はないが，応用・発展のいずれかの活動を入れておくと，上位層の生徒たちが退屈することがなく，さらに学力を伸ばす可能性が高まる。全員が最低「理解」「暗記」ができるようになることを目指し，「応用・発展」の活動をやりたい生徒のためにプリントや活動などを用意することは，習熟度別の授業作りである。

(イ)「応用の活動」の定義

　応用の活動とは，(1) 教科書本文の一部を変えて新しい文を作る〔「3.1.1　独り言突っ込み」(p. 86)，「3.1.2　対比音読」(p. 87)，「3.1.4　あなたも漫才師」(p. 89) など〕，(2) 文に語句をつけ加えて長くする〔「3.3.1　省略部分復活（音読）」(p. 106)，「3.3.2　穴なし穴埋め」(p. 107) など〕，(3) モノローグをダイアローグにする／ダイアローグをモノローグにする〔「3.1.6　要約ナレーション：あなたもレポーター」(p. 93)，「3.1.7　叙述文台本化（音読）」(p. 94) など〕，(4)〈肯定文⇔疑問文⇔否定文⇔命令文〉の変換をするなど，教科書本文の形を変えたりすること〔「3.2.1　あなたも英語教師」(p. 97) など〕である。模範解答は全ての文について書く。

(ウ)「発展的な活動」の定義

　発展的な活動とは，行間を埋めたり，ストーリーの前後に文を加えたり，本文のテーマに関して調べ学習や課題解決学習をする，自分の意見を書く，ディスカッションをするなど，教科書本文には含まれていない新しい文を加えたり，本文に関連した学習を行ったりすることである。これらを英語でやれば「発展」だが，日本語でやれば「理解」の活動となる。発展的な活動では，その単元の重要表現やキーセンテンスなどを使ったり，過去に学習した重要表現などを使うといった，既習表現を駆使しようとする姿勢を育てる。

(エ)「キーセンテンスのドリル」と「応用の活動」の違い

　本文中からキーセンテンスと同じ形の文だけを取り出して練習するのは，本文の「応用」ではなく「キーセンテンスのドリル」なので，それはキーセンテンスの練習の時に済ませておく。したがって，教科書本文の活動案や教材を作るときは，キーセンテンスの活動は含まないように。

(オ) 自由度の高い活動

　生徒が問題を作る，生徒が選ぶといった自由度が出てくるのは，「応用・発展」の段階。ただし，自

由度が高いとスムーズにできないことがある。特に,「その場で英文を作る」という活動は,成績下位の生徒にとっては難しい。英語が苦手な生徒も活動できるように,ヒントやサンプル,語句などを示す,表を用意して書きたいことや書けることを整理させるなど,細かい配慮とステップが必要。

(カ)「発展的な活動」を実施するタイミング

　　本文のテーマに関する調べ学習や課題解決学習,自分の意見を書く,ディスカッションなど高度な発展的学習は,その単現の最終パートが終わったあとで行うとよい。パート1やパート2の段階では時間のかかる発展的な学習は避けたほうがよいし,まだそのトピックに関する表現が豊富に提示された段階ではない。毎回発展的な活動をしていると,教科書を終えることができなくなる。

(キ) 読む,聞く「応用・発展」の活動

　　「応用・発展」の段階では,「書く」だけでなく,「読む・聞く・話す」活動もある。「読む・聞く」活動では,他社の教科書や,同じ会社の教科書の過去版を利用するのも一案。

(ク) 発展的な学習から始める場合

　　最初に本文に関しての発展的学習をしたのちに教科書を開くという方法もある。例えばディスカッションやディベートなどの単元では,その際に言いたい文を書く練習をしたあとに教科書を開くと,理解がしやすくなるし,教科書本文が使えるという喜びを感じることができる。

■ 各活動に関して

(ケ)「あなたも英語教師」の活動の留意点

　　「3.2.1　あなたも英語教師」(p. 97) は応用の活動だが,Q&AのQを作らせるだけなのか,Aも要求するのか,Aを要求するのなら,「ロング」(「強調」),「ショート」,「クール」のどの答え方をさせるのかを考え,指定しなければならない。また,Qを作らせるとして,考えられるものを全て書かせるのか,一部を書かせるのかを判断する。

　　答え方の「クール」とは,S, V, O, Cを省略せず,その他の修飾語句は答えの中心でないかぎり省略する答え方。例えば,WhoやWhatで主語を聞かれたら,"Ken does." のように〈答え+助動詞／be動詞〉で答える。なお,モノローグの1つひとつの文を導く疑問文を作るのは,「あなたも英語教師」ではなく,「勝手に英会話A」の英語編〔→「4.2.2　勝手に英会話A／B(英語編)」(p. 115)〕。

(コ) 自分に置きかえ英作文の留意点

　　本文の一部を書きかえる「4.1.7　スキット作り」(p. 113) や,登場人物や架空の人物になりきってセリフを作る「4.1.8　なりきり英作文」(p. 114) は,状況が特殊なストーリーを応用して行うことも可能だが,本文を自分に置きかえて書く「4.1.9　自分に置きかえ英作文」(p.114) は自分の経験をもとに本文を応用していく活動なので,日常的なストーリーを展開する本文でないと実施できない。

5 キーセンテンス導入時の注意事項

（意味，構造を理解させるステージ）

■ 全体的な注意

（ア）導入の簡素化

　　楽しく工夫された導入は生徒を惹きつけるが，大切なことは定着させることである。導入に凝りすぎて，定着させる時間が足りなくなったというのでは本末転倒。

（イ）説明時間の短縮

　　説明しすぎない。教師の言葉が多くなればなるほど，生徒は理解できなくなる。情報過多はダメ。説明を短時間にとどめ，どんどんドリルさせる。説明を聞いた時点では分かっていなくてもOK。練習するうちに分かり始める。英語はスポーツと同じ。

（ウ）文法用語の使用

　　文法用語は必要最小限にとどめる。難しい言葉や言い回しはなるべく避ける。

(1) 名詞，動詞，形容詞，副詞，前置詞，疑問詞，助動詞，接続詞，動名詞，関係代名詞ぐらいはOKだが，現在分詞，先行詞などの用語の使用は，対上級者（fast learners）だけにとどめておくほうがよい。また，SVOCなどの5文型用語は生徒には分かりにくく，大きな負担となる。（田尻作成の語順表を使えば分かりやすくなる。p. 60, 62参照。）

(2) 不定詞の名詞的用法・副詞的用法・形容詞的用法も，中2の時点では不要。〈to＋動詞原形〉でよい。問題集をやる頃になったら，簡単に説明することはかまわない。（田尻作成の語順表を使えば，なぜ名詞的・副詞的かが分かりやすくなる。p. 60, 62参照。）

(3) 高校ではどうしても文法用語が増えるが，なるべく簡潔に説明する。生徒が理解できないようであれば深入りしないほうがよい。たくさん練習するうちにニュアンスがつかめるようになるわけであり，初めて説明を聞いた時点で理解できないのはしかたがないこと。生徒が高校で英語に苦手意識をもつのは，実は英語が分からないのではなく，専門用語や文法説明が分からないから。つまり，日本語が分からなくて英語が分からなくなったと思っている場合が多い。また，「受動態の疑問文：Be＋S＋過去分詞…?」といった説明は，教える側にとってはすっきりした形に思えるが，生徒は戸惑う。

（エ）導入時の文法説明の焦点化

　　新しい文法項目や表現を導入する際は，その項目や表現にのみ特化して教えるほうが賢明。教師は自分が知っているから，他のものをついつい合わせて教えてしまうことが多いが，それは極力避ける。まだ学習していないことがいくつかいっぺんに出てきたら，生徒は難しいと感じたり，覚える

135

ことがたくさんあると思って尻込みしたりしてしまう。ただし，上級者（fast learners）を刺激したり，生徒が混乱したり負担感をもったりしないと確信した場合はそのかぎりではない。

■ 具体的な文法事項に関して

(オ) 関係代名詞の導入

2文を合体して1文にするという導入法は，時として不自然な表現を生徒に見せることになるので，注意する。

〔例〕 He is a boy. He can play the violin.

He is a boy who can play the violin.

※ "He is a boy." という文を言うことはめったにないし，"He is a boy who can play the violin." はふつう "He can play the violin." と言う。関係代名詞の意味や機能をかみしめること。

(カ) 受動態の導入

「たすき掛け」で導入すると，能動態の文と受動態の文が同じ意味だと勘違いする生徒や，受動態の文では常に〈by＋動作主〉が使われると思い込む生徒が出るので気をつける。

〔例〕 Your son broke that window.

That window was broken by your son.

※ 上の文は broke that window が新情報で，下の文は by your son が新情報。

(キ) 間接疑問文の導入

既習表現と対比することはOKだが，混乱を招く可能性があるのならやめる。

〔例〕　　　　　Where does she live?

Do you know where　　she lives?

※ 上の2文を対比して導入すると，混乱して "Do you know where does she live?" とする生徒が多数出現する。

6 キーセンテンス練習時の注意事項
（構文や表現に慣れさせ，使いこなせるようにするためのステージ）

ドリルを使った活動には，以下の3つの段階があります。

Stage 1：機械的なドリルでもいいので，量を確保する
Stage 2：知的で楽しいドリルを行う
Stage 3：応用力を求められる，発展的なドリルを行う

市販のドリル教材は，ほとんどがStage 1です。解答と解説を分冊で作成する場合，答えが多岐にわたると情報量が膨大になってしまうので，答えが1つである問題がほとんどです。楽しくはありませんが，基本練習は大切であり，それをたっぷり行う段階をStage 1と位置づけています。

Stage 2は，ある文法項目や表現を集中的に練習する知的で楽しい活動の段階であり，答えは多岐にわたります。例えば，"What makes you happy?" に対して自分なりに答えるという活動が挙げられます。答えは "○○ make(s) me happy." という決まった形を使いますが，"○○" に入るものは生徒ごとにさまざまで楽しい活動となります。

Stage 3は，"What makes you happy?" という質問に答える形でエッセイを書く，といった統合的な活動を行う段階です。

■ Stage 1：機械的なドリルでもいいので，量を確保する

(ア) Stage 1 の活動の定義

基礎的な練習をたくさんさせてその文型や表現に慣れさせる段階なので，自由度があるものはStage 1のドリルには向いていない。成績下位の生徒にとって，自由度があるドリルが最初から出ると動けないことが多い。

(イ) 和訳

問題となる英文に和訳をつけると，並べかえであろうが，適語補充であろうが，語形変化の問題であろうが，活動としては全て和文英訳になるので，和訳をつけるかどうかは熟考する。

(ウ) 形式，語句のバリエーション

(1) なるべくたくさんの語句を練習させるほうがよいので，同じ単語を繰り返し練習させないよう気をつける。また，(2) 問題形式にはバリエーションをもたせ，毎回同じパターンにならないように工夫する。

(エ) 問題の意図

問題には，作り手の意図が見えなければならない。例えば，ばらばらにした語句を正しい順に並べかえさせる問題は，(went / to read / I / to the library / books) のように，センスグループごとに語句がかたまりとなっている場合は英語の語順を意識させる問題。一方，(with / was / result / he / pleased / the) ならば熟語（この場合は be pleased with）を見つけさせることをねらっている。

(1) (my / park / tomorrow / walk / sunny / the / will / I / it's / dog / in / if) のように，<u>語句が多すぎると生徒はほぼ理解できない。</u>

(2) "The driver couldn't avoid the accident because he was careless." を "The driver could have avoided the accident if he had been (more) careful." という文に書きかえさせる問題は，仮定法過去完了のニュアンスを確認させようとしていることが伝わる。

(オ) 書きかえ問題

「ほぼ同じ意味になるように書きかえなさい」という問題は，言いたい表現を思いつかないときの方略として有効。しかし，「ほぼ同じ意味」ということは若干の違いがあるということであり，その表現に慣れ親しんだ頃，その違いを考えさせてみるとよい。

(カ) 単語レベルの問題

例えば，Canada is (large) than China. という文を提示し，「( ) 内の語を適切な形にしなさい」という問題は，than を手がかりに比較級であることを割り出さなければならない。それに対して，「( ) 内の語を比較級にしなさい」という問題だと (large) 以外の部分を見る必要はないので，単語レベルの問題といえる。

(キ) Stage 1, 2 の文法項目の焦点化

ドリルは，新文型や語句の導入直後にやるものと，ある程度時間がたってから復習や総まとめとしてやるものがある。Stage 1 から複数の文法事項を入れると生徒に負担がかかるので，Stage 1, 2 のドリルは1つの文法事項（「不定詞」ではなく，「不定詞名詞的用法」など）に絞り，Stage 3 で既習事項を含めた統合的な活動をするとよい。現在完了も，継続，経験，完了ごとに異なる活動や教材を用意する。また，There is / are と There was / were も別の文法項目として，1つずつ独立して焦点化して教えることが多い。比較にいたっては覚えることが大量にあるので，比較級，最上級，同等比較は別々に扱う。

(ク) 不定詞の教材を作る際の注意事項

不定詞には，名詞的用法（〜こと，〜という），副詞的用法（〜するために，〜しに，〜して，〜するとは，〜という結果になる，など），形容詞的用法（〜するための，〜すべき，〜しなければならない，〜するだけの価値がある，〜するのに適当な）などの意味があるが，このうち中学校で学習するのがどれであるか，いつ学習するかを調べること。例えば，副詞的用法は，中2（〜するために），中3（〜して），高1（〜する結果になった，〜すれば，〜するなんて，など）に分けて教えられるし，「〜する

ために」は 1-A などの文の『なぜ』の部分で,「～して」は 2-A などの文の『なぜ』の部分で使われるので,別々に教えられる（語順表〔p. 60, 62〕参照）。これらをごちゃごちゃに混ぜた教材を作らないように。

■ Stage 2：知的で楽しいドリルを行う

(ケ) Stage 2 の活動の定義
  (1) ドリルの第2段階は，クイズやイラストを使った活動，ジェスチャーゲームなど，生徒が頭を使う，やっていて楽しい学習活動・言語活動を考える。自分が生徒だったら，本当に知的で楽しいと思うかどうかを考えてみる。
  (2) Stage 2 は目標となる文法事項や重要表現を徹底的に繰り返す段階で，その他の既習事項や未習事項は出さない。
  (3) 未習語を使用する場合は，注釈をつける。

(コ) 生徒の興味
　　架空の人物よりも，実在の人物のほうが生徒は興味をもつ。また，表情報（〔例〕Ichiro went to America to play in the Major league.）よりも，裏情報（〔例〕Ichiro went to New York to feel the tense atmosphere as a Yankee.）が多いと生徒の脳は活発化する。架空の人物の身長や年齢，足の速さや泳ぐ速さを比べる活動や，ペンの長さを比べる活動で，生徒が夢中になることはない。

(サ) ジェスチャーゲームの留意点
　　活動には，生徒の興味や集中力が継続する工夫を入れる。ジェスチャーゲームなどでは，すぐに答えが分かってしまい，生徒の興味が尻すぼみになることがよくある。

■ Stage 3：応用力を求められる，発展的なドリルを行う

(シ) Stage 3 の活動の定義
  (1) 目標となる文法事項や重要表現の練習にとどまらず，既習事項を駆使したり，未習表現に自らチャレンジしたりする可能性がある学習活動や言語活動を取り入れる。現在進行形の学習を例に挙げると，現在進行形を繰り返し練習するのは，Stage 1 と Stage 2 であり，Stage 3 では，"My mother is cooking now. She is a good cook. I like her curry and rice." のように，現在進行形以外の文も使わせることを視野に入れておく。
  (2) エッセイライティングのような発展的なライティング，もしくはスピーキング，また，対話文に文を加えさせたりするのがStage 3。完全に型にはめて目標表現しか使わない会話などはStage 1やStage 2の活動である。
  (3) Stage 3 も知的で楽しく，さらに既習事項を使えた喜びや工夫できた喜びを感じさせる。

(ス) Stage 3 の活動ができるための手立て

「自由に会話しなさい」「自由に書きなさい」といった指示文だけでは，何を言えばよいか，何を書けばよいか分からなくなる生徒がいる。すぐに応用できるサンプルや「使える表現集」などを載せて参考にさせたり，対比して書かせたり，図やイラストや写真のような生徒の発想を促すしかけを入れたりして，生徒が英文を書けるよう導く。したがって，Stage 3 のドリルは数行の指示文だけで終わることはあまりない。英語が苦手な生徒でも参加できるよう，心を砕こう。

(セ) 英作文ができるための手立て

まとまった量の英文が書けるようになるためには，枝分かれ図やマインドマップを作らせて，何を書きたいのか，何を書けばよいのかを整理させる。その後，各項目をより易しい日本語に直させ，語順表に照らし合わせて英文を書かせるとよい。

(ソ) Stage 3 の活動の形態

モノローグで文章を書いていく活動は時間を自分でコントロールできるが，友だちと会話をする活動では，すぐに答えないといけないし，相手の言葉に応じて自分の考えを構築しないといけないので，レベルが上がる。個人の活動にするか，会話などペアやグループの活動にするか，書かせずにいきなり話させるか，書いてから話をさせるかなどは，熟慮の上判断する。

(タ) 目標表現を使わせるための手立て

(1) ターゲットとなる文法項目は，最低でも1回は使わせる。その際，「現在完了の文を必ず1文は入れること」や，「受動態の文を必ず入れること」といった指示があっても，なかなか思いつかないことがあるので，生徒のアイデア出しを促進する手立てを講じよう。なお，(2) 過去のストーリーを英文で書かせる際に現在完了を使わせることは難しい（現在完了は現在に視点があるから）。

(チ) イラストや写真の留意点

ライティングやスピーキングでイラストや写真を使う際は，生徒の頭や心を動かすものであるか，creativity を刺激するものであるか，ターゲット表現を引き出すものであるかを検証する。したがって，イラストや写真は必ず添付し，feasibility を確認しよう。

写 真 提 供

「田中久重」共同通信社
「からくり人形　弓曳き童子」久留米市教育委員会
「ひめゆり平和祈念資料館」「スキューバダイビング」沖縄観光コンベンションビューロー
「首里城公園：首里城正殿」一般財団法人沖縄美ら島財団
「オーストラリア　シドニー」Alamy／アフロ
Dramatic panoramic photo Sydney harbor © steheap － Fotolia.com
Sydney Harbour At Dusk © FiledIMAGE － Fotolia.com
Sydney Harbour Bridge © David_Steele － Fotolia.com

本文イラスト

谷口友隆

草野和芳／下平けーすけ／高野真由美（アート・ワーク）／Hama-House／矢島眞澄

【著者紹介】

田尻　悟郎（たじり　ごろう）

1958年，島根県松江市生まれ。
島根大学教育学部卒業。神戸市の公立中学校2校，島根県の公立中学校5校に26年間勤務したのち，2007年4月より関西大学教授。
2009年4月より同大学外国語学部・大学院外国語教育学研究科教授。
2001年10月，㈶語学教育研究所よりパーマー賞受賞。学習指導要領改善協力者，大阪市教育センター『教師養成講座』座長，文部科学省『英語教育改善のための調査研究』企画評価会議委員などを歴任。
著書に『自己表現お助けブック』『田尻悟郎の楽しいフォニックス』『（英語）授業改革論』『生徒の心に火をつける』（いずれも教育出版），『Talk and Talk Book 1～3』（正進社），『チャンツで楽習！　決定版』（NHK出版），『英文法これが最後のやり直し！』（DHC）など。NHK総合テレビ『プロフェッショナル　仕事の流儀』，NHK Eテレ『テレビで基礎英語』など，テレビ出演も多数。

田尻悟郎の英語教科書本文活用術！
―知的で楽しい活動＆トレーニング集―

2014年11月 7 日　初版第 1 刷発行
2019年 2 月 4 日　初版第 7 刷発行

　　　　　著　者　　田　尻　悟　郎
　　　　　発行者　　伊　東　千　尋
　　　　　発行所　　教育出版株式会社
　　　　　〒101-0051　東京都千代田区神田神保町2-10
　　　　　　　TEL：03-3238-6965　FAX：03-3238-6999
　　　　　　　URL：http://www.kyoiku-shuppan.co.jp

© G.Tajiri 2014　　　　　　　　DTP　シー・レップス
Printed in Japan　　　　　　　　印刷　モリモト印刷
落丁本，乱丁本はお取り替えいたします。　製本　上島製本
ISBN978-4-316-80426-2　C3037